次

装丁　オーバードライブ

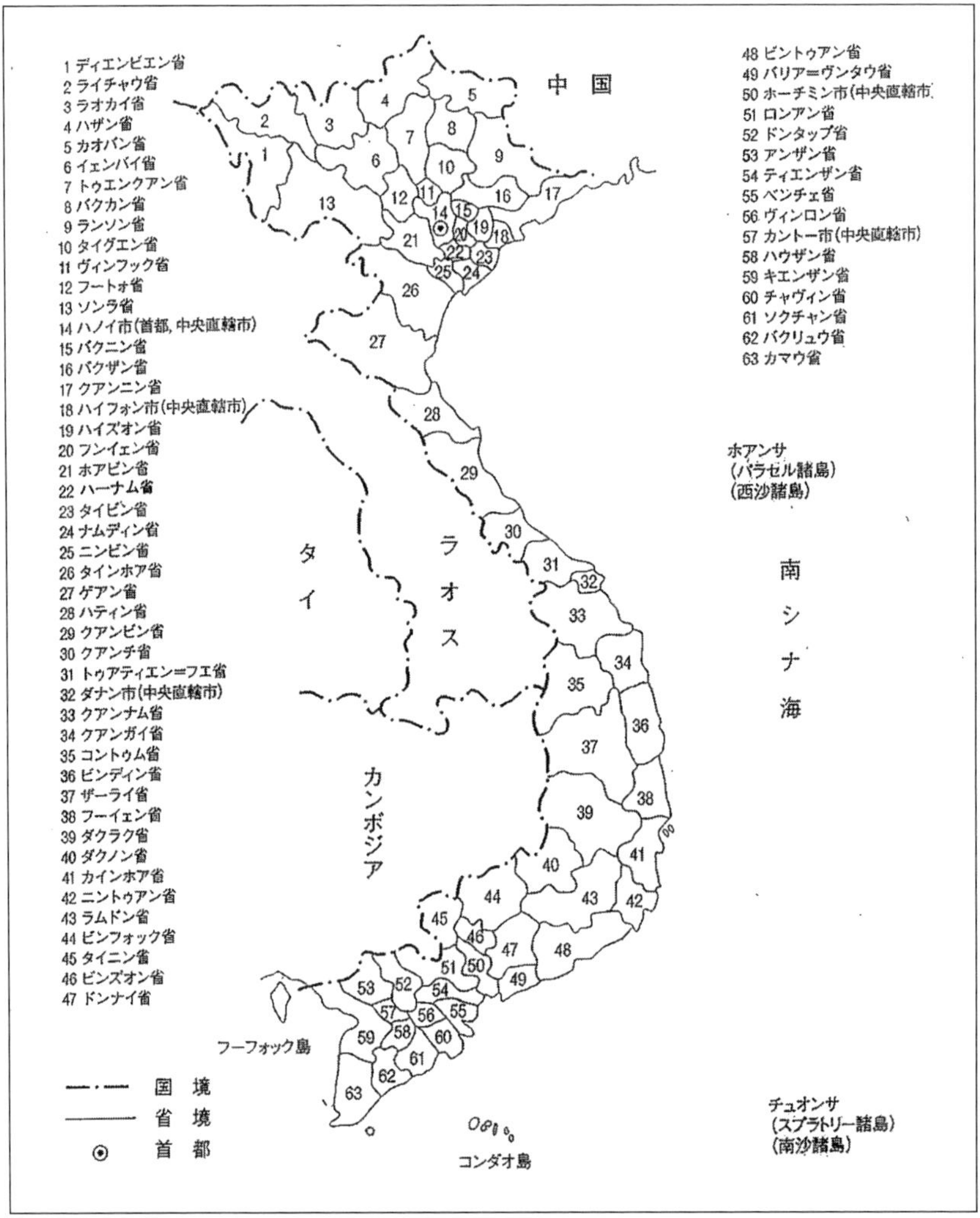
1 ディエンビエン省
2 ライチャウ省
3 ラオカイ省
4 ハザン省
5 カオバン省
6 イェンバイ省
7 トゥエンクアン省
8 バクカン省
9 ランソン省
10 タイグエン省
11 ヴィンフック省
12 フートォ省
13 ソンラ省
14 ハノイ市(首都, 中央直轄市)
15 バクニン省
16 バクザン省
17 クアンニン省
18 ハイフォン市(中央直轄市)
19 ハイズオン省
20 フンイェン省
21 ホアビン省
22 ハーナム省
23 タイビン省
24 ナムディン省
25 ニンビン省
26 タインホア省
27 ゲアン省
28 ハティン省
29 クアンビン省
30 クアンチ省
31 トゥアティエン=フエ省
32 ダナン市(中央直轄市)
33 クアンナム省
34 クアンガイ省
35 コントゥム省
36 ビンディン省
37 ザーライ省
38 フーイェン省
39 ダクラク省
40 ダクノン省
41 カインホア省
42 ニントゥアン省
43 ラムドン省
44 ビンフォック省
45 タイニン省
46 ビンズオン省
47 ドンナイ省
48 ビントゥアン省
49 バリア=ヴンタウ省
50 ホーチミン市(中央直轄市)
51 ロンアン省
52 ドンタップ省
53 アンザン省
54 ティエンザン省
55 ベンチェ省
56 ヴィンロン省
57 カントー市(中央直轄市)
58 ハウザン省
59 キエンザン省
60 チャヴィン省
61 ソクチャン省
62 バクリュウ省
63 カマウ省
中国
ラオス
タイ
カンボジア
南シナ海
ホアンサ
(パラセル諸島)
(西沙諸島)
チュオンサ
(スプラトリー諸島)
(南沙諸島)
フーフォック島
コンダオ島
国境
省境
首都

ベトナム全図
(出所)『2012　アジア動向年報』アジア経済研究所、193 頁の地図を一部修正して掲載

ベトナムの医療保険と社会的弱者
――ホーチミン市郊外におけるフィールド調査

寺本　実
グエン・ティ・ミン・チャウ
レー・ティ・ミ
グエン・ティ・クック・チャム

はじめに

二〇〇八年一一月一四日、ベトナムで初めての医療保険法が、第一二期第四回国会で制定された（二〇〇九年七月一日発効、以下二〇〇八年医療保険法）。本書では、この医療保険について、「普及」と「浸透」という二つの観点から、アプローチする。ここで「普及」とは、「医療保険証が一人一人の国民に行き渡ること」を指す。そして「浸透」とは、「医療保険証を取得した人たちが、医療保険診療を受診し、医療保険証に基づく自らの権利を行使している状況」を指す。「普及」局面だけでなく、「浸透」局面についても理解しようとするのは、両者が足並みを揃えて初めて医療保険制度が人々の生活の中に「根付いた」と捉えることができると考えるからである。

本書執筆に際し、ベトナムの経済発展をけん引するホーチミン市の郊外において、六歳未満児・高齢者・障害者・ＨＩＶ感染者といった社会的弱者を対象として、上記視角を視野に入れたフィールド調査を実施した。社会的弱者を調査研究の対象とするのは、医療保険証の有無により、生活に最も大きな影響を受ける人達だと考えられるからである。

本書の構成は、以下の通りである。第一節で、医療保険法制定の背景について見る。次に、第二節でベトナムの医療保険制度の基本構造について述べる。そのうえで、第三節において、ホーチミン市郊外で実施したフィールド調査の結果に基づいて考察する。そして「おわりに」で、本書の総括を行う。

なお、本書のコアとなる第三節は、二〇一八年、二〇一九年に実施したフィールド調査に基づく。したがって、本書の内容は、この調査時期に制約される。あらかじめ、ご理解願いたい。[1]

一　医療保険法が制定された時代的背景

本節では、ベトナムで医療保険法が制定された時代的背景について、少し見ておきたい。[2]

一九八六年一二月に開かれたベトナム共産党第六回党大会でドイモイ路線が採択されて以降、ベトナムでは計画経済に基づく経済運営から市場経済に基づく経済運営へと転換が図られてきた。この流れを正式な軌道にのせるため、一九九二年四月一五日、第六期第八回国会において、「国家の管理を伴った市場経済メカニズムに従った多セクター商品経済」の発展について定めた一九九二年憲法が制定された。その直前の憲法である一九八〇年憲法では、医療制度に関し、「国家はお金を支払う必要のない診療制度を実行する」（六一条）と定めていた。しかし、一九九二年憲法では、こうした条項は削除された。同年八月一五日、閣僚評議会（計画経済時代に由来を持つ、現在の政府の前身組織）が発出する条例という形で、公務員・国有企業従業員・一定規模以上の非国営企業の従業員など、対象は限定的であったものの、医療保険条例が制定された。無償で医療が提供される国家丸抱えの計画経済時代の制度から、参加者が保険料を納め、その保険料に拠って医療受診が支えられる、市場経済に沿った制度への移行の端緒であった。[3]

一九九一年〜二〇一〇年までベトナム経済は、年率七%を超える経済成長を達成した。二〇〇一年一二月には前年七月に締結した越米通商協定が発効するなど、本格的な国際経済参入が動き出し、二〇〇七年一月に世界貿易機関（WTO）への加盟を実現する。このように高いレベルの経済成長を達成し、国際経済への本格的な参入が進むなかで、国民生活の向上を継続的に図り、持続的な経済発展を下支えするため、社会保障、社会福祉制度の一層の充実が求められるようになった。こうした社会的潮流を背景にして、二〇〇〇年代半ばから二〇一〇年にかけて、社会保障・社会福祉関係の法制度の整備が促進された。ベトナム国会は、子どもの保護・養護・教育法[4]（二〇〇四年六月一五日制定、二〇〇五年一月一日発効）、社会保険法[5]（二〇〇六年六月二九日制定、二〇〇七年一月一発効）、医療保険法[6]（二〇〇八年一一月一四日制定、二〇〇九年七月一日発効）、高齢者法[7]（二〇〇九年一一月二三日制定、二〇一〇年七月一日発効）、障害者法[8]（二〇一〇年六月一七日制定、二〇一一年一月一日発効）を相次いで可決したのである。この一連の動きは、関連法制度の内容の充実とともに、国会常務委員会[9]が制定する法令（pháp lệnh）や政府が定める政府議定に基づく条例（điều lệ）に基づいて対応されてきた社会保障・社会福祉関連の諸政策が、通常国会で制定される法的格付けが最も高い法（luật）に基づいて対応されるようになることを意味した。医療保険条例から医療保険法への引き上げも、この流れのなかで行われた。先述したように、当初は対象が限定的であったが、二〇〇八年に制定されたこの医療保険法では、全国民の医療保険制度への参加を目指すことが明示された。

そして、二〇一三年一一月二八日に第一三期第六回国会で制定された二〇一三年憲法（二〇一四年一月一日発効）において、「公民は社会保障（an sinh xã hội）を保障される権利を持つ」（三四条）ことが定められた。このことは、ともすれば、経済発展が最優先課題とされがちな傾向があるなかで、それまで、やや劣位に置かれてきた感のあった社会保障・社会福祉関連政策の位置づけが、経済発展政策と同等のレベルにあることを明確にするものであった。こうした動きに伴い、社会保障の柱の一つである医療保険制度の国民生活における「地位」は、一層確かなものになった。そして、二〇一四年六月一三日に第一三期第七回国会で二〇〇八年医療保険法が修正、補充された際（二〇一五年一月一日発効、以下二〇一四年修正・補充医療保険法）、医療保険は全国民が参加を求められる「強制保険」として位置づけられることになった。

二　ベトナムの公的医療保険制度の概要

次に、本節ではベトナムの医療保険制度の基本的構造について見る。ベトナムでは民間病院も活動しているが、医療における中心的役割は公的医療機関が担っている。例えば、二〇一八年時点で、ベトナムの病床数の約九三・九％、医師数の約八三・〇％が公的医療機関によって占められていた（後掲の表2参照）。そのため、本節では、最初にベトナムの公的診療体系の概要を見た上で、医療保険制度の基本構造について述べることにしたい。

1　ベトナムの公的診療体系

ベトナムの国家行政級には、中央、省レベル、県レベル、社レベルの四層がある。中央には国会、政府が置かれ、省レベル、県レベル、社レベルの行政単位には、それぞれ地方議会たる人民評議会、地方行政機関たる人民委員会が設けられている。ベトナムの診療法（二〇〇九年）第八一条によれば、ベトナムの公的診療体系には、この行政級に沿って四つのレベル（tuyến）がある（図1参照）。末端地方行政級である社レベルには病気の予防、保健活動と一定の診療活動などを行う診療所（trạm y tế）が設置される。[10] 県レベル以上については、専門科、手術室、臨床分析検査室など、本格的な診療施設を備えた「病院」（bệnh viện）が設けられる。そして、上級の医療機関は、

写真1 「社会保険、医療保険は社会保障を確保し、祖国の建設・防衛事業を推進する」とアピールする標語看板

(1) 中央医療機関
↓ 専門上の指導・補助
(2) 省レベル * 医療機関
↓ 専門上の指導・補助
(3) 県レベル ** 医療機関
↓ 専門上の指導・補助
(4) 社レベル *** 医療機関

図1　ベトナムの公的診療体系

* 省レベルの行政単位には、省と中央直轄市がある。
** 県レベルの行政単位には、郡、県、市社、省属市がある。郡は都市部、県は農村部の行政単位。市社は小規模な地方都市、省属市は市社より規模が大きい地方都市。
*** 社レベルは末端地方行政単位であり、社、坊、市鎮がある。社は農村部、坊は都市部の行政単位であり、市鎮は農村部の中心地（町）。
(出所)診療法(2009年)81条などに基づき、筆者作成。

下級の医療機関に対し、専門上の指導、補助を行う責任を持つ。

例えば、ベトナムの医療保険制度では、初診を受診する医療機関をあらかじめ登録することになっている（以下、初診受診医療機関登録制度）。そして、もし当該医療機関で診察を受け、同医療機関では治療困難と診断された場合、同医療機関の紹介に基づき、より上級の医療機関で診療を受けるというように、患者が医療機関を下級から上級へと移動する形が基本的に想定されている。

2　ベトナムの医療保険制度の概要

次に、ベトナムの医療保険制度の概要[11]を見る（図2参照）。現在、ベトナムでは、国民皆保険の実現が志向されている。医療保険法が制定された二〇〇八年の医療保険参加率は約四三・八％であったが、二〇一九年一二月末の段階で九〇％近くに達している。日本の医療保険制度と異なる特徴としては、先述したように初めに受診する医療機関を登録する制度が採用されていること。また、一定の基準を満たす経済的に貧しい人たち（貧困戸[12]）は、

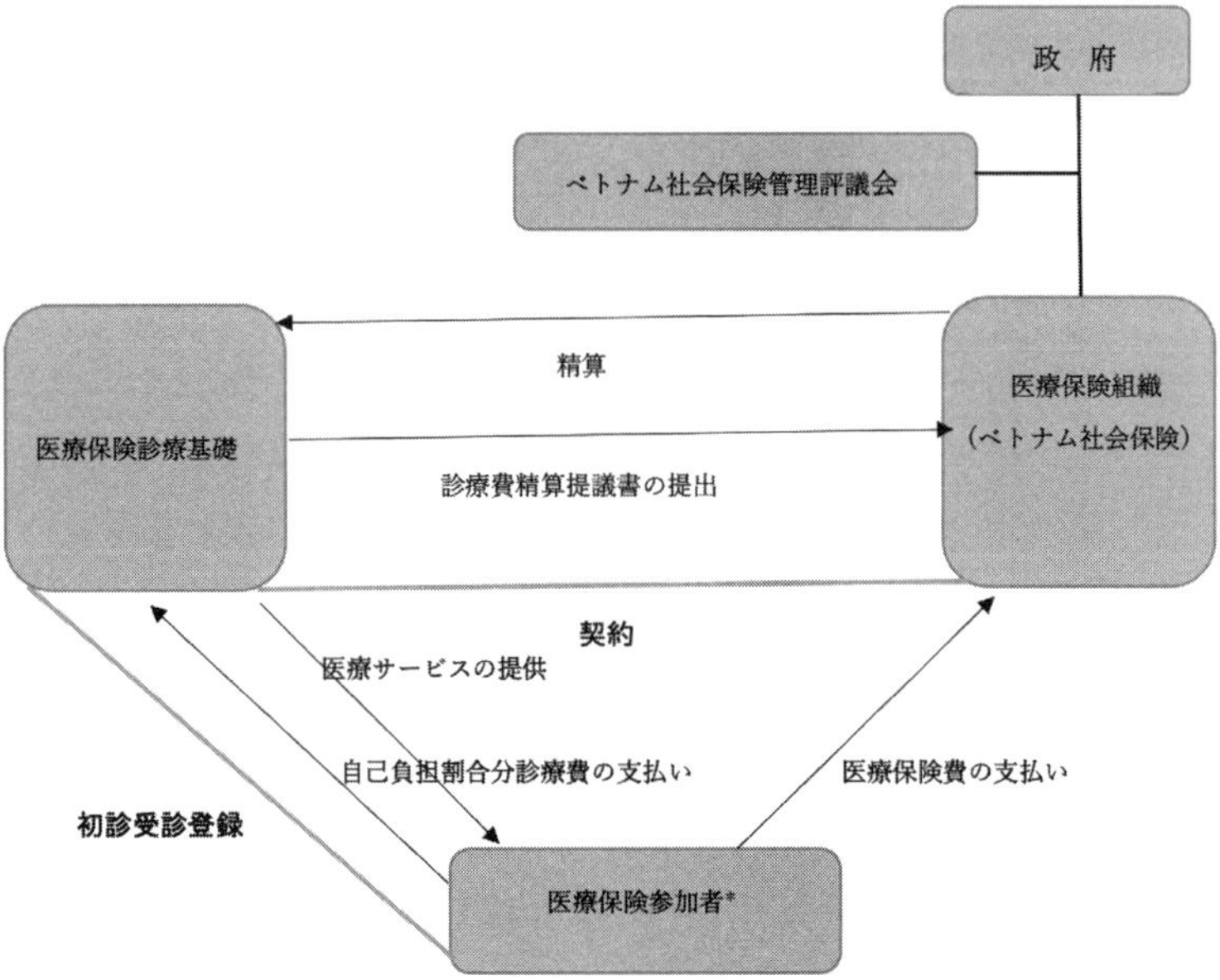

図2　ベトナムにおける医療保険制度の基本構造
*貧困戸に属する者など無償で参加する者を含む。
（出所）2008年医療保険法、2014年修正・補充医療保険法に基づき、筆者作成。

医療保険費の納入および医療保険制度に基づく診療費の支払いを免除されるなど、社会扶助政策としての性格を持つことが挙げられる。先述したように、二〇〇八年医療保険法は二〇一四年に改正されたが、制度上の基本骨格は維持された。そのうえで、いくつかの政策対象者に対する給付率の引き上げ、初診受診医療機関の登録制度における運用上の緩和が図られたほか、[13]ベトナム社会保険管理評議会の医療保険財源の管理における中心的役割を明示するなどの修正、補充が行われた。

図2は、二〇一四年修正・補充医療保険法に基づいて作成したベトナムの公的医療保険制度の基本構造を示したものである。まず図内の用語の説明をしておきたい。「医療保険参加者」とは、被保険者のことである。次に「医療保険組織」とは、いわゆる保険者のことであり、ベトナムの医療保険制度では、「ベトナム社会保険」という国家機関が該当する。そ

して、「医療保険診療基礎」とは、医療保険組織（ベトナム社会保険）と医療保険診療契約を結んだ医療機関を指す。

次に、全体の関わりを見ると、ベトナムの医療保険制度では、フランスのような償還払い形式ではなく、日本と同様に現物給付形式が採用されている。したがって、通常の医療保険参加者は、対象ごとに定められた医療保険料を医療保険組織に納める。そして受診した際には、自己負担分を医療保険診療基礎に支払う。その後、医療保険組織が、医療保険診療基礎からの申請に基づき、診療費用の残額を精算するという流れとなっている。

医療保険料については、期限を定めない労働契約に従って働く通常の労働者については、二〇一四年修正・補充医療保険法で、給与の六％を納入額の上限にすると定められている（二〇一九年時に実際に適用されていた保険料率は四・五％）。そして、雇用者がその三分の二、被雇用者が三分の一を納める。この場合、給付率は、八〇％とされる。

なお、医療保険制度の主管庁は医療省である。財政省、労働・傷病兵・社会省、教育・訓練省、国防省、公安省といった関係省庁と協力しつつ、医療省が「全民医療保険に基づく人民の健康の保護・ケア、向上に資するため、医療保険、医療体系、医療技術専門レベル、財源に関する政策・法律を構築する」（二〇一四年修正・補充医療保険法第六条）。

ここで留意する必要があるのは、財政省の存在である。先述したように、図2における「医療保険組織」に該当するのは、ベトナム社会保険である。このベトナム社会保険は医療保険制度と社会保険制度の運用において中心的役割を担っており、同機関のトップには財政省出身者が就いている。そして、このベトナム社会保険の活動を指導、監視し、医療保険制度の財源となる医療保険基金（Quỹ bảo hiểm y tế）の管理に責任を負うベトナム社会保険管理評議会の主席は、財政相が務めている。こうしたことから、医療省が主管庁とされているものの、財政省の医療保険制度に対する影響力は小さくないと考えられる。

三　ホーチミン市郊外における調査結果の考察

本書の中核となる本節では、社会的弱者における医療保険の「普及」と「浸透」について考える。本節の構成は、以下の通りである。まず今回実施した調査研究の背景とその視角について述べ、主な先行研究を概観する。その後、調査のあらましを述べた上で、調査結果の検討を行うことにしたい。

1　研究の背景と視角

本節では、医療保険の「普及」と「浸透」という二つの視角に基づいて、ホーチミン市の郊外で暮らすベトナムの社会的弱者における医療保険の状況について明らかにする。

先述したように、ここで「普及」とは、「医療保険証が一人一人の国民に行き渡ること」を指す。次に「浸透」とは、「医療保険証を取得した人たちが、医療保険診療を受診し、医療保険証に基づく自らの権利を活用している状況」を指す。調査中に「たとえ医療保険証を使用せずとも、手元にあるだけで安心だ」との声も聞かれた。確かにそれも医療保険証の持つ効用のひとつに違いない。しかし、たとえ医療保険証を持っていても、もしそれが実際に活用されなければ、本来的にはあまり意味があるとはいえない。通常、医療保険の「普及」、すなわち、医療保険制度への参加率に世間の関心は偏りがちであるが、「浸透」のプロセスが伴って初めて医療保険制度は十全に機能しているといえるのではなかろうか。こうした問題意識に立って、本書では、「普及」と「浸透」という両視角からベトナムの医療保険について考える。

2　主な先行研究

ベトナムでは、医療に関する関心が高い。医療保険については、国内の新聞でも報道されている。(14) しかし、本格的な調査研究となると、管見の限りでは未だ限られる。今回の私たちの調査研究に関わる主な先行研究として、以下の先行研究を挙げておきたい。

本調査研究の問題関心と重なる主な先行研究としては、Đặng Nguyên Anh và cộng sự［2007］、Mai Linh, Nguyễn Thị Kim Hoa［2016］、Nguyễn Thị Cúc Trâm［2014］、そしてNguyễn Như Trang［2018］、Teramoto（cb）［2019a］、がある。Đặng Nguyên Anh và cộng sự［2007］は、主に医療保険の「普及」について考察したものである。Đặng Nguyên Anh và cộng sự［2007］は、二〇〇八年医療保険法制定前の論考であり、農村の貧困者、農村から都市への移住者、都市における幹部・公務員の三者を対象に、関連諸変数と医療保険普及との因果関係を多変量回帰分析に基づいて考察している。そして、貧困、教育レベル、居住地といった要素が医療保険へのアクセスの有無に影響を与えていると結論づけている。続くMai Linh, Nguyễn Thị Kim Hoa［2016］は、ベトナム北部のハノイ市、フンイェン省の医療保険幹部などに対する三〇回に及ぶインタビューに基づき、（1）企業の労働者、（2）学生（小学生～大学生）、（3）近貧困戸、(15)（4）六歳未満児、（5）家族（戸）(16)（hộ gia đình）を対象とした医療保険の普及上の困難とその要因について考察している。医療幹部・患者ではなく、主に医療保険機関幹部に対するインタビュー調査に基づいている点に特徴がある。(17) 上記のように本書で取り上げる六歳未満児も対象としているが、医療保険の普及上の困難、阻害要因として、以下のことを指摘している。一つ目には、出生届の提出、医療保険申請といった一連の事項について、親がその重要性を認識していないこと。二つ目には、ベトナムでは六歳未満児に無償で医療保険証を支給する制度があるが、親が知識を有していないケースがあること。(18) 三つ目には、小学校入学を控えた一～八月生まれの六歳児（一月～八月生）の場合、新たな制度に切り替わる学校入学時期は九月であるため、医療保険に加入していない空白期間が生じること。

次に、Nguyễn Thị Cúc Trâm［2014］は医療保険の「浸透」について主に考察したものであり、南部メコンデルタに位置するヴィンロン省で実施した、住民（診療所に受診に来ていた人を含む）、医療保険専門家、管理者を主な対象とするインタビューに基づき、農民の側から見た医療保険の使用について、調査研究を行った。インタビュー内容の分析結果として、医療保険制度に対する信頼があまり高くないこと、特に診療の質と診療上の対応に対する印象が芳しいものではないことを指摘する。そして、医療に係る手続き、医療機関の物質的基礎、医師のレベル、診療態度の改善が望まれるとしている。

続くNguyễn Như Trang［2018］は、必ずしも明示されていないものの、医療保険の「普及」と「浸透」を視野に入れた調査研究である。世界銀行の支援を受けたメコン発展研究所の研究プロジェクトに参加した際の調査結果の分析に基づく考察であり、地方から首都ハノイへの移住者における医療保険と、医療保険を使用した医療サービスへのアクセスについて考察している[19]。この論考は、問題意識としては私たちの取り組みに近いと考えられる。同論考では以下のことが指摘されている。二〇一四年修正・補充医療保険法の施行以降、制度上は移住者も医療保険に参加することができ、移住先で使用できるようになっている。しかし、ハノイへの移住者の四分の一は、医療保険証を持っていない。また、医療保険証を所持していても、初診の受診登録をした医療機関がハノイ以外の省・中央直轄市にあるケースが多い。このような移住者は、医療保険に参加していない移住者と同様に、受診時に医療保険を使用することを考えず、直接中央レベルの病院に通院することを選ぶ傾向がある。そして、その原因として、以下の四点が挙げられている。一つ目には、移住者の認識と習慣の問題、二つ目には、初診受診医療機関の登録、登録医療機関の変更、医療保険の使用や精算に際する諸手続きの煩雑さ、三つ目には、医療保険診療の質的な不十分さ、四つ目には、低収入家族にとっての家族（戸）にしたがった医療保険参加制度の経済的負担の問題[20]、である。最後に、

Teramoto（cb）［2019a］は、今回の私たちの取り組みの最初の成果（中間報告書）である。

そして、今回の私たちの調査研究と同様に、人々の暮らしの場における調査研究を重視し、二〇〇八年医療保険法に基づく医療保険制度の執行に際する医療現場の状況について考察したものとして、Nguyễn Thị Cúc Trâm［2014］と寺本［二〇一六］がある。Nguyễn Thị Cúc Trâm［2014］の内容については、既に述べた通りである。寺本［二〇一六］については、ベトナムの末端医療機関（以下、診療所。前掲の図1参照）の制度的位置づけ・役割・課題について、医療サービスの供給サイドに位置する診療所責任者に対するインタビューに基づいて考察したものである。その調査研究の一部で医療保険制度について取り上げ、医療保険に関わる書類作成における現場の負担など、二〇〇九年七月一日に二〇〇八年医療保険法が施行されて以降、現場の医療関係者が直面した問題を指摘している。

また、既述の先行研究の傾向から離れて、ベトナムの医療保険制度の全体的な基本構造にフォーカスした論考として、寺本［二〇一七］、寺本［二〇二〇］がある。前者は、二〇〇八年医療保険法の読み解きに基づき、同制度の基本的構造を明らかにしたものである。そして後者は、二〇一四年修正・補充医療保険法をふまえて、同医療保険制度の骨格について分析している。

次に、ベトナムの健康ケア体系の歴史的流れを射程とした先行研究としては、Kerstin Priwitzer［2012］がある。同書は、医療サービスを供給する各主体の属性、それぞれの政策ネットワークの特性とその歴史的経緯をフォローしたものであり、二〇〇八年の医療保険法制定に至る歴史的流れを説明している。

最後に、Aparnaa Somanathan et.al.［2014］は、ベトナムにおける医療保険制度の普及に向けた世界銀行による分析と提言の書であり、世界的な援助機関としての立場を生かして得た情報と専門的分析に基づき、二〇〇八年医療保険法の修正・補充に向けた方向性をまとめている。

これまで主な先行研究について見てきた。作業を通して、少なくとも以下のことが確認されたと考えられる。一つ目には、医療保険の「普及」と「浸透」という分析視角を明示的に定めて行われた調査研究が未だみられないこと。二つ目には、社会的弱者と医療保険の関係に焦点を絞った調査研究、特に同じ地域に暮らす複数種の社会的弱者を同時並行的に取り上げた調査研究が未だみられないこと。三つ目には、南部の中心都市であるホーチミン市を調査地とした調査研究が未だみられないことである。以下に述べる調査研究は、このようなポイントを踏まえて調査計画を練り、実施したものである。

3 調査の概要

ここから、今回実施したフィールド調査の検討に入る。本項では、調査研究の対象とその方法、そして調査地について述べることにしたい。

(1) 対象とその方法

先述したように、今回の調査研究の対象者としては、医療保険制度への参加の有無が、その生活に影響を与える度合いが大きいと見込まれることから、社会的弱者に対象を絞った。具体的には、六歳未満児・高齢者・障害者・HIV感染者を対象者としている。

調査手法としては、量的な調査ではなく、質的な調査を志向した。調査の実施に際しては、六歳未満児はグエン・ティ・ミン・チャウ、高齢者はグエン・ティ・クック・チャム、HIV感染者はレー・ティ・ミ、障害者は寺本が、それぞれ調査を担当した。そして、六歳未満児・高齢者・障害者については、調査対象者ご本人のご自宅を直接訪問し、半構造化インタビュー（大まかな質問項目を事前に決めておき、回答の状況に応じて質問を掘り下げて話をうかがう形式）もしくは柔軟性を担保した構造化インタビュー調査（質問項目を事前に決めておき、それにしたがって回答をうかがう形式）を実施した。また、ＨＩＶ感染者については、感染が世間に露見する恐れがあるため、調査対象者の自宅は避けて、同じ県内に位置するＡ県医療センターのＨＩＶ／ＡＩＤＳ患者、コミュニティ支援・カウンセリング科（Khoa Tham vấn, hỗ trợ cộng đồng, HIV/AIDS của Trung tâm y tế huyện、以下、Ａ県医療センター）で半構造化インタビュー調査を行った。また、六歳未満児・高齢者・ＨＩＶ感染者については、インタビュー全体を通して録音機を使用したが、障害者については、聞き書き部分と録音機部分を組み合わせて調査を実施している。

なお、インタビューの応答者については、調査対象者の持つ特性によって異同がある。高齢者とＨＩＶ感染者は、ご本人から直接話をうかがうことができた。しかし、障害者については、ご本人が応答可能な場合にはご本人、そうでない場合には、当該障害者と同居する近親者に話を聞いている。六歳未満児については、幼児のインタビュー応答能力には限界があるため、保護者（具体的には、母、祖母）に話を聞く形をとった。

写真２　Ａ県病院

調査対象者の選択に際しては、六歳未満児・高齢者・障害者については基本的に調査対象者が暮らすＡ社の人民委員会の紹介に基づき、調査対象者ご本人およびその家族の同意を得た上で実施した。またＨＩＶ感染者については、Ａ県医療センターの協力、紹介に基づき、ご本人の同意を得て実施している[21]。

なお、調査対象者の紹介を各機関に依頼する際、貧困戸[22]・近貧困戸[23]といった出身家庭の経済レベルなど、調査を希望する対象者の持つ条件を伝えている。しかし、実際の調査では、調査側の要望が必ずしも満たされる訳ではない。本調査においてもそれは同様である。そして、調査実施過程で土地の人から紹介を受けた人も、調査対象者の中には若干含まれる。

なお、関連分野の統計データについては、現地機関でのインタビューや現場

写真3　A県病院の待合スペース

で入手した資料、もしくは既存の現地発行資料により、補うよう努めた。[24]

（2）調査地

調査地として、ベトナム経済の中心都市ホーチミン市郊外に位置するA県下のA社（「社」は、末端行政単位のひとつで行政村）を選んだ。ベトナムにおける経済社会の変化が比較的看取しやすいのではないかとの判断に基づく。以下、それぞれのレベルについて見ることにしたい。

ホーチミン市は、ベトナムの南部東方地域（ホーチミン市を含め、ビンフォック省、タイニン省、ビンズオン省、ドンナイ省、バリア＝ヴンタウ省が位置するベトナム経済の中心地域）に位置する南部の中心都市であり、ベトナムに五つある中央直轄市[25]のひとつである（巻頭の地図参照）。表1で示したように、面積は二〇六一・四平方キロメートルであり、二〇一八年現在の人口は八五九万八七〇〇人、人口密度四一七一人／平方キロメートルと、人口・人口密度ともにベトナム最大の都市である。農村部人口は、約一九・五％を占めるにすぎない。一人当たり平均月収は六一七万七〇〇〇ドンと、同じ南部東方地域に位置するビンズオン省に次いで、ベトナム第二位である。

医療資源について見ると、ホーチミン市が位置する南部東方地域の医師数一万五三九一人のうち一万一九三人（約六六・二％）、病床数五万六二〇三のうち三万五九五八床（約六四・〇％）をホーチミン市が占める（表2参照）。ホーチミン市と隣接するメコンデルタ地域全体の数字と比較しても、医師数で一：一・三、病床数で一：一・二と、それほど遜色がない。このように、ホーチミン市は、ベトナム、特に南部における有数の医療資源集中地域である。

次に、A社が位置するA県は、ホーチミン市の西方、西南にあって、同市とベトナム南部の穀倉地帯であるメコンデルタ地域[26]との結節点に位置し、ロンアン省に隣接している。調査当時、ホーチミン市は五県、一九郡から構成されていた。念のため記すが、「県」は農村部、「郡」は都市部に位置する第二級行政区である（前掲の図1参照）。A県は、歴史的には抗仏、抗米の戦いの根拠地のひとつであったことで知られる。例えば、ベトナム戦争時の一九六八年のテト攻勢、同戦争を終結へと導いた一九七五年四月のホーチミン作戦においても、重要な「基地」として貢献した。今回の調査地であるA社もそうした歴史を共有している。A県は二〇〇三年に現在のビンタン郡と分割され、調査実施時点では、一市鎮（末端行政単位のひとつ。農村部の中心的な町）、一五社で構成されていた。面積は二五二・六平方キロメートルである。[27] 都市化が急速に進行しており、人口は二〇〇四年時の約二四万人から、二〇一七年には約六二万五〇〇〇人に膨れ上がった。道路の整備も進み、スーパー大手コープマートも進出するなど、生活条件の改善が進んでいる。

表1　ホーチミン市の基礎データ（2018年速報値）

項目	ホーチミン市	全国
面積（㎢）	2,061.40	331,235.70
人口（千人）	8,598.70	94,666
人口密度（人／㎢）	4,171	286
農村部人口（千人）	1,681（約19.5%）	60,836（約64.3%）
平均月収（千ドン）	6,177	3,876

（出所）Tổng cục thống kê 2019［89, 90, 100, 101, 836, 838］に基づき筆者作成。

表2　ホーチミン市の医療資源（2018年）

地域名	医師数（人〔%〕）	病床数（床〔%〕）
全国	84,788〔83.0〕	295,820〔93.9〕
ハノイ市	8,350〔56.2〕	32,956〔96.1〕
南部東方地域	15,391〔83.1〕	56,203〔89.6〕
ホーチミン市	10,193〔87.2〕	35,958〔88.7〕
メコンデルタ地域	13,668〔94.5〕	44,166〔94.3〕
ロンアン省	951〔100〕	3,510〔97.7〕

（出所）Tổng cục thống kê 2019［815, 816, 817, 818］に基づき筆者作成。（注）括弧内は、公立病院が占める割合。

医療関連では、老朽化していたA県病院が移転、新築され、二〇一八年九月に落成した。新しいA県病院も旧病院と同じくA社に隣接するA市鎮に位置し、一〇の診療科、三四〇床を有する第二種総合病院である。[28] 交通アクセスについては、A社からバスで通院することが可能である。また、二〇一八年六月に開院したホーチミン市子ども病院は、A社に隣接するB社に位置し、一〇〇〇床を有するベトナム国内で最も先進的な医療設備を備えた子ども病院のひとつである。ホーチミン市とメコンデルタとの結節点に位置するという地理的位置と、人々の生活に関わるインフラ整備のこうした進展が、各地方・近隣地域からの移住者流入の誘因となっていると考えられる。[29]このA県内では人口一〇万人を超える社も出現しており、県当局は農村行政モデルにしたがった県から、都市行政モデルにしたがった郡への移行を目指している。ホーチミン市当局も、その方針を基本的に受け入れていると伝えられている。[30]

最後にA社は、ロンアン省に隣接する位置にあり、五つの自然村から構成される。[31]二〇一八年一〇月末現在で人口は約二万三五九三人であり、面積は約二三・四平方キロメートル、その内約八一・四%を農地が占める。[32]米に加え、スイカ、キュウリ、苦瓜、たまねぎ、マリーゴールド、ランの栽培、観賞魚の養殖などが行なわれており、高い収益が得られる農水産物を求めて、模索が続けられてきた。[33]その一方で、工業区も抱えており、道路舗装などインフラ整備が進められている。二〇一九年一〇月に調査を実施した段階では土の道が未だ一部残っていたが、A社のなかは、舗装された小道が縦横に走っている。

医療関係では、二〇一一年に新しい診療所建物が竣工した。そして、二〇一八年一一月の調査段階では医師一人体制であったが、二〇一九年一〇月の二度目の調査時には医師二人体制となり、診療体制が強化された。[34]この動きは、A社の診療所が、二〇一九年四月から住民の健康状況を把握し、ケアを行う家庭医師モデルを実験的に実施する診療所のひとつに選ばれたことに伴うものである。なお、二〇一九年一〇月に調査を実施した際には、それまで使用してきた人民委員会の建物を取り壊し、新庁舎を建設中であった。

(3) 調査日程

調査日程については、二〇一八年一一月、二〇一九年一〇月の二回に渡り、フィールドで調査を実施した。具

写真 6　A 社を走るバスの車内。A 県病院まで行くには、このバスで隣町まで行き、バスを乗り換える必要がある

写真 7　A 社の道路

写真 4　A 社（行政村）の診療所

写真 5　A 社の小道。A 社のなかをこうして小道が縦横に走っている

体的には、二〇一八年一一月五〜二四日、二〇一九年一〇月六〜二八日に担当者それぞれが調査を実施している。それぞれの調査期間については、六歳未満児（グエン・ティ・ミン・チャウ担当）については二〇一八年に六日間、二〇一九年に七日間、高齢者（グエン・ティ・クック・チャム担当）については二〇一八年に八日間、二〇一九年に六日間、障害者（寺本担当）については二〇一八年に一一日間、二〇一九年に八日間、HIV感染者（レー・ティ・ミ担当）については、二〇一八年に六日間、二〇一九年に八日間の調査を行った。また、ホーチミン市で研究会を開催した際（二〇一八年七月二一〜二三日、二〇一九年一月二四〜二五日、二〇一九年六月二六〜二七日、二〇一九年一二月一八〜一九日の計四回）、前後の時間や合間の時間を利用して、医療機関の視察や関連資料の収集に努めた。

4　社会的弱者における医療保険の「普及」

本節から、調査結果の検討に入る。最初に、社会的弱者における医療保険の「普及」について考える。先述したように、ここで医療保険制度の「普及」とは、「広く行き渡ること、広く行き渡らせること」といった言葉の原義に沿って、「医療保険証が一人一人の国民に行き渡ること」を指す。ベトナムにおける医療保険参加率は、二〇一〇年には人口の六〇％であったものが、二〇一九年末には人口の九〇％近くにまで上昇した。果たして、社会的弱者においてはどのような状況なのであろうか。それでは、六歳未満児、高齢者、障害者、HIV感染者の順に調査結果を見ていくことにしたい[35]。

（1）六歳未満児

二〇一四年修正・補充医療保険法によれば、六歳未満児の医療保険費は国家予算から支出され、金額的には基礎給与[36]（mức lương cơ sở）の六％が上限とされている。また、給付率は診療費の一〇〇％と定められている。

六歳未満児については、二〇一八年一一月の調査時に一五人、二〇一九年一〇月の調査時に前年度調査を実施した二人を含む一五人の計二八人を調査対象とした。ほとんどの子どもたちが、毎月のように罹病しており、発熱、咳や呼吸器・消化器系の病気、手足口病、デング熱などの感染症に罹っている。性別は女性一四人、男性一四人であった。居住の形としては、定住家族一二戸、暫定定住家族一六戸であり、後者には正式な暫定居住手続きをしていない家族が四戸含まれている。家族の経済レベルは、近貧困二戸、中レベル以下（経済的に困難）四戸、中レベル以上二二戸であった。この二八戸の応答者は、すべて女性であり、二二戸が母親、六戸が祖母であった。母親、祖母たちの教育レベルは、中学校レベルまでであった。

調査の結果、調査対象者二八人のうち、四人が医療保険証を持っていなかった。これら四ケースの子どもたちの出生年は、それぞれ二〇一三年一人、二〇一七年二人、二〇一九年一人である。いずれも移住家族に属しており、父親か母親の出身地で生まれ、その土地の人民委員会で出生届けを提出した。しかし、その際に医療保険への参加手続きは行われなかった。医療保険証を持っていない要因として、①医療保険制度に対する認識の不足、②書類の不備、③移住先のルールに対する認識と対応の問題、④移住先における不適応、⑤管理機関が状況を把握できていない、といった要因が見出された。以下、それぞれ見ていくことにしたい。

①医療保険制度に対する認識の不足

一つ目には、出生地の末端人民委員会に出生届を親が提出した際、六歳未満児については、無償で医療保険制度に参加できることを、親自身が知らなかった。また、担当した人民委員会の担当者も、そのことを何ら親に説明しなかった。

②書類の不備

二つ目には、子どもの医療保険参加のために必要とされる出生証明書のような重要書類が手元にないことが分かった。

③移住先のルールに対する認識と対応の問題

三つ目には、移住家族が暫定居住地の決まりを実行していない状況がある。例えば、移住家族の居住先の家主が在宅者（当該移住家族）について A 社の公安に申告しに行く際、当該暫定居住者は大人の身分証明書のみを提出し、子どもの分は提出していないというケースが確認された。

④移住先における不適応

四つ目には、ほとんどの移住家族が、コミュニティの会合や活動に参加しようとしていない。親たちの主な移住目的は、収入を得るために働くことにある。そのため、経済活動が中心の生活となり、土地の会合や活動に参加する時間的余裕、意欲もあまりない。こうした「自分たちは土地の者ではないから」との認識が、周囲との繋がり、社会的ネットワークの構築を妨げている。そのため、彼らの子どもが健康に暮らしていくために有用な情報を適宜入手することが困難となっている。

⑤管理機関が状況を把握できていないこと

五つ目には、移住家族を受け入れる側の管理機関である A 社人民委員会が移住家族の状況を管理できていないことがある。同人民委員会の児童問題担当者によれば、移住家族の子どもの人数、医療保険証の有無などについて人民委員会は把握していない。人民委員会側が積極的に動いていない背景のひとつには、他の省からホーチミン市に移動してきた移住家族は、頻繁に居住地を変更する傾向を持つことがある。

（2）高齢者

次に、高齢者の状況について検討する。ベトナムの高齢者法では、六〇歳以上を高齢者と定めている。二〇一四年修正・補充医療保険法は、八〇歳以上の高齢者について、医療保険費の上限を基礎給与の六%とし、社会保険組織によって支払われると定めている。給付率については一〇〇%としている。しかし、六〇～七九歳の通常の高齢者については、主な公的支援制度の適用対象者外であり、その家族が貧困戸、近貧困戸といった扶助対象家族に該当しない限りは、家族（戸）単位参加制度（4（4）②参照）にしたがい、自弁で医療保険証を購入する必要がある。ちなみに、二〇一四年修正・補充医療保険法によれば、貧困戸に属する場合には、医療保険費の上限は基礎給与の六%とされ、国家予算によって支払われる。給付率は診療費の一〇〇%となっている。そして、近貧困戸については、医療保険費の上限は基礎給与の六%で、国家予算によって一部補助され、給付率は診療費の九五%と定められている。

今回、高齢者については、二〇一八年一一月の調査時に二一人、二〇一九年一〇月の調査時に前年に話を聞いた六人を含む二二人の計二七人から話を聞いた。年齢分布は、六〇～六九歳一〇人、七〇～七九歳一三人、八〇歳以上四人であり、性別は女性が一三人、男性が一四人であった。そして、調査対象者家族の経済レベルについては、貧困戸一〇人、近貧困戸九人、中レベル以上八人という内訳となっている。

調査の結果、今回調査対象とした高齢者は、全員が医療保険に参加しており、医療保険の普及率は一〇〇%であった。しかし、医療保険参加時の依拠制度はさまざまであり、高齢者制度一人、障害者制度[37]一人、革命功労者制度[38]一人、貧困戸制度九人、近貧困戸制度九人、家族（戸）単位参加制度六人という分布となった。これらのうち、前四者については、医療保険制度への参加の際の費用は免除となる。残る二つのうち、近貧困戸については、先に見たように二〇一四年修正・補充医療保険法では、国家予算によって医療保険費の一部を援助されると定めており、通常であれば一部とはいえ出費が必要となるはずである。しかし、今回の当該調査対象者九人については、ホーチミン市人民委員会の近貧困戸支援策により、支払いが免除されていた。このように、調査対象者二七人のうち、二一人の高齢者は何らかの公的扶助制度に依拠して医療保険制度に参加していることから、今回調査対象とした大半の高齢者の医療保険制度への参加の有無は、こうした公的扶助制度が引き続き受けられるか否かに影響を受けやすい状況下にある。

（3）障害者

次は、障害者の状況について検討する。二〇一八年一一月の調査では、重度障害者、特別重度障害者あわせて二三人、そして二〇一九年一〇月の調査の際には、二〇一八年に話をうかがった一六人に軽度障害者三人を加えた一九人を対象にして、調査を実施した。本書では二年連続で調査を実施した一六人を含む二〇一九年度の調査結果を中心に分析を行う。調査対象者の生年分布は、一九八六年のドイモイ路線採択前が七人、それ以降が一二人（うち九人が二〇〇〇年以降の生まれ）で、最高齢者は一九六二年生まれ、最年少については、二〇一一年生まれであった。性別については、女性一二人、男性七人で、婚姻状況は、未婚者一五人、結婚経験者三人、未婚の母一人であった。そして、経済的レベルに関しては、貧困戸四人、近貧困戸一人、中レベル以上一四人となっている。

障害者については、重度障害者・特別重度障害者は、無償で医療保険証を支給される（障害者法四五条二（c））。二〇一四年修正・補充医療保険法によれば、給付率は一〇〇％である。[39] 軽度の障害レベルの場合には、所属する機関、組織、会社などがあれば所属先を通して、もしそうした所属先がなければ、自弁で医療保険証を購入する必要がある。

障害者法の第一五条〜第二〇条で障害程度の判定について定められており、末端地方行政単位の人民委員会委員長によって設立される障害度確定評議会（Hội đồng xác định mức độ khuyết tật）の場で多数決により判定され、賛否同数の場合には委員会主席の判断に基づき、決定される。その構成員は、主席を務める当該人民委員会委員長と、当該地における、診療所長、労働・傷病兵・社会問題担当者、祖国戦線、女性連合、ホーチミン共産青年団、退役兵士の会の責任者、障害者組織責任者[40]からなる。ここで祖国戦線とは、ベトナム独立同盟（ベトミン）の流れを引く戦線組織である。そして女性連合、ホーチミン共産青年団、退役兵士の会は、それぞれ独立した政治社会組織であり、祖国戦線の構成組織となっている。

二〇一九年の調査の際に話を聞いた一九人の内、一七人が医療保険証を持っており、内訳は障害者制度に基づく参加者一五人、家族（戸）単位参加制度にしたがって自弁で医療保険証を購入した者が一人、自身が勤務する会社を通じて医療保険制度に参加した者一人であった。

二人が医療保険制度に参加していない要因としては、それぞれ①管理機関の不注意、②制度の谷間、という原因が確認された。以下、それぞれ見ることにしたい。

①管理機関の不注意

これは、二〇一八年の調査時にも医療保険申請手続き中だった聴覚と言語に障害を持つ女性のケースである。一九八〇年代前半生まれで、自宅において縫製作業に従事する同女性は、両親、末弟夫婦とその子どもの六人で暮らしていた。その他の兄弟もすぐ近くに住んでいる。家族の経済レベルは中レベルであった。彼女は国から扶助金を受給しており、医療保険証の無償支給を受ける権利を持つ。両親の説明によれば、A社人民委員会から「医療保険証をいったん作成したが、紛失してしまった。そのため、もう一度手続きを行う必要がある」との説明を受けたとのことであった。具体的にどのような経緯で医療保険証の紛失が起きたのかについては、明らかになっていない。

②制度の谷間

このケースは、二〇一九年九月に高校を卒業した左腕に障害がある青年のケースである。両親、弟、祖母からなる、経済的には中レベルの家族に属していた。在学中は学校の医療保険制度に参加していたが、高校卒業後の進路が未だ定まっていなかったため、医療保険制度不参加の期間が生じた。同青年は、軽度の障害者であるため、国から医療保険証の無償支給や扶助金を受ける対象ではない。両親と祖母は、次の項で少し詳しく述べる家族（戸）単位参加制度に従って医療保険制度に参加しており、同制度に従って同青年を医療保険に参加させるべく、二〇一九年一〇月段階で手続きを進めているとのことだった。ちなみに、彼女の弟は学校の学生医療保険に参加していた。

（4）ＨＩＶ感染者

最後に、ＨＩＶ感染者について検討する。二〇一八年、二〇一九年の調査を通してＡＲＶ療法（抗レトロウイルス療法）を受けているＨＩＶ感染者一五人に話を聞いた。本書執筆現在、ＨＩＶに感染した場合、完全に治す方法はまだ見つかっていない。しかし、ＡＲＶ療法を受けることにより、ウイルスを抑制することができ、ＨＩＶに感染していても、健康で生産力のある生活をおくることが可能になっている。話を聞いた一五人のうち、調査時点で二四カ月～一四四カ月の治療を受けてきた者が一三人、治療を受け始めて半年に満たない者が二人であった。ホーチミン市におけるＡＲＶ供給は、米国大統領エイズ救済緊急計画（PEPFAR）とグローバルファンドによる支援に依存してきたが、二〇一八年一月一日からこうした国際支援を財源にする形から、医療保険に基づく支出へと舵が切られてきた。もし医療保険がなければ、ＨＩＶ感染者にとって、健康維持に有効なＡＲＶに関わる費用は、一人当たり年間六〇〇万～一三〇〇万ドンにも上るという。

生年分布は、一九七〇年代生まれ二人、一九八〇年代生まれ一二人、一九九〇年代生まれ一人となっており、性別は女性五人、男性一〇人であった。教育レベルについては、小学校まで七人、中学校まで六人、高校まで二人となっている。職業は、民間会社勤務五人、合弁会社勤務一人、季節労働者・下請け加工二人、鉄工・内装二人、日雇い・建設作業補助・行商四人、家事一人であった。婚姻状況については、既婚六人、独身九人（うち死別一人、離婚一人）であり、家族を養う責任がある立場の人も含まれる。また、出身地については、ホーチミン市Ａ県出身者一一人、他省から移住してきた暫定居住者四人という内訳となっている。

医療保険制度への参加状況については、一五人中一〇人が参加していた。六歳未満児、八〇歳以上の高齢者、重度障害者・特別重度障害者に対するような医療保険証の無償支給制度は、ＨＩＶ感染者については本調査実施の時点で未だ存在していない。医療保険制度参加の形式は、職場を通して参加三人、家族（戸）単位参加制度六人、支援[41]一人、という内訳であった。

調査の結果、ＨＩＶ感染者が医療保険制度に参加することが容易でない要因として、①書類の不備、②家族（戸）単位参加制度の問題、③認識不足の問題、という要因が確認された。以下、それぞれ見ることにしたい。

①書類の不備

ひとつ目には、出生地や元々暮らしていた居住地からの自由な移住や、自身が長期不在中に地元で再開発事業が進められたことにより、家族と離ればなれとなり、新たな移住先で医療保険取得手続きを行う際に必要な身元証明書、戸籍などの書類を準備することが難しいというケースが確認された。

②家族（戸）単位参加制度の問題

二つ目には、自弁で医療保険証を購入する際、家族単位（戸）での加入が求められる制度の存在が、経済的な負担をＨＩＶ患者に強いることになっていることが分かった。この制度では、誰か一人当該家族（戸）の構成員が医療保険に参加する場合、世帯内のその他の未加入者も同時に参加することが求められる。その代わり、医療保険参加者の納入額は、当該者については、基礎給与の六％が支払い上限額となるが、後続の者は最初の納入者が納めた額の七〇％、六〇％、五〇％と順に減額され、五人目以降は四〇％に相当する納入額となる（医療保険法一三条）。二〇一九年一〇月の時点の価格は、それぞれ八〇万四六〇〇ドン（本人）、五六万三二二〇ドン（二人目七〇％）、四八万二七六〇ドン（三

表3　家族（戸）単位参加制度における支払い額

対象者	支払い比率（%）	2019年10月現在の価（ドン）
本人	100	804,600
2人目	70	563,220
3人目	60	482,760
4人目	50	402,300
5人目以降	40	321,840

（出所）調査結果に基づき、筆者作成。

人目六〇%)、四〇万二三〇〇ドン(四人目五〇%)、三二万一八四〇ドン(五人目以降四〇%)であった(表3参照)。このように、後続者に対する減額措置はあっても、経済的に余裕のないHIV感染者にとって、この制度は医療保険参加への足枷の一つになっている。

③認識不足の問題

三つ目には、教育機会に恵まれず、インフォーマルセクターで労働に従事しており、どこで医療保険証を購入できるのかさえも、分かっていないというケースが確認された。

5 社会的弱者における医療保険の「浸透」

ここからは、医療保険の「浸透」状況について検討する。先述したように、医療保険の「浸透」とは、「医療保険証を取得した人たちが、医療保険診療を受診し、医療保険証に基づく自らの権利を活用している状況」を指す。先述したように、ベトナムの公的医療保険制度には、初診を受診する医療機関を登録する制度がある。二〇一四年修正・補充医療保険法二六条では「医療保険参加者は、社レベル、県レベルもしくはこれらと同等レベルの診療基礎において、最初に受診する医療保険診療基礎の登録を行う権利を持つ(医療相の規定に従い、省レベルもしくは中央レベルの診療基礎に登録できる場合を除く)」(前掲の図2参照)と定められている。医療保険証には当該医療機関の名称が印字されており、医療保険参加者は罹病時に医療保険証に印字された医療機関で最初に受診することが基本的に想定されている。[42] そして、当該医療機関で治療が困難と診断された場合には、その医療機関の紹介に基づいて、上級の医療機関に通院することになる。

ホーチミン市A県のベトナム社会保険で行ったインタビュー(二〇一九年一〇月一六日)によれば、この登録制度導入の目的の一つは、各医療保険診療基礎に医療保険参加者を割り振り、一部病院に患者が集中する状況を緩和することにあるとのことであった。

それでは、六歳未満児、高齢者、障害者、ＨＩＶ感染者の順に状況を見ていくことにしたい。

（1）六歳未満児

調査対象とした六歳未満児の基本情報については、第三節４（1）で既に述べた。調査対象者二八人の罹病時における基本的な行動パターンは、咳、鼻水、発熱など、軽度の症状の場合、薬局で薬を買う。その薬が効かなければ、民間医に行く。それでも治らない場合には、Ａ県病院もしくはホーチミン市子ども病院に通院する、という流れであった。

ここでは、医療保険の「浸透」状況を見るため、医療保険証を持っていないことが確認された四人を除く、二四人の六歳未満児における医療保険の使用状況を検討する。このうち一二人は、ホーチミン市に戸籍を持つ定住家族の子どもたちである。初診受診登録医療機関は、「ホーチミン市子ども病院」八人、「Ａ県病院」三人、「Ａ社診療所」一人という構成であった。残る一二人は暫定居住家族の子どもたちであり、戸籍登録をした出身省の県レベル病院に初診受診登録をしていた。

写真８　ホーチミン市子ども病院の新生児治療回復科

ホーチミン市に戸籍を有する定住家族の六歳未満児における二〇一八年～二〇一九年の医療保険の使用状況を見ると、ホーチミン市子ども病院に初診受診登録をした八人は、少なくとも一回は医療保険を用いて受診していた。次に、Ａ県病院に初診受診登録をした三人のうちの一人は、同病院では受診せず、ホーチミン市子ども病院で受診していた。そのため、正規の医療保険給付が受けられなかった。A社診療所に初診受診登録をした六歳未満児については、ほとんど医療保険を使用していなかった。

そして、出生届を提出した出身省の県レベル病院を初診受診登録医療機関とした、暫定居住家族の一二人の六歳未満児については、医療保険を使用せず、民間医もしくはホーチミン市子ども病院で受診していた。

調査の結果、六歳未満児の医療保険の使用を妨げている要因として、次のような要因の存在が分かってきた。①医療保険診療に関する手続き・規則に対する理解不足、②罹病のタイミングの問題、③親の仕事時間と医療機関の開業時間のミスマッチ、④医療保険診療の受診に要する時間の問題、⑤医療保険診療により処方される薬の質と量の問題、⑥子どもに一刻も早く最善の治療を受けさせたいという親の思い。以下、それぞれ順を追って見ていくことにしたい。

①医療保険診療に関する手続き・規則に対する理解不足

ひとつ目には、親が医療保険証に関する手続き・規則についてよく理解していないことがある。たとえ出身省の病院に初診受診登録をしていても、新たに移住してきたホーチミン市の病院に初診受診登録医療機関を変更することは、手続き上可能となっている。しかし、親がこうした事を理解していない。また、たとえ知っていても、手続きの煩雑さ、予想される負担の大きさから、手続きを避ける傾向がある。

②罹病のタイミングの問題

二つ目には、六歳未満児の罹病は時を選ばないということがある。もし土日に罹病すれば、通常の医療保険診療時間から外れてしまう。夜遅くても同様である。

③親の仕事時間と医療機関の開業時間のミスマッチ

三つ目には、親の仕事時間と医療保険診療時間とのミスマッチの問題がある。これは、親が仕事をしながら子どもを病院に連れて行ける時間帯と定められた医療保険診療時間が、合わないケースである。この場合、緊急でなければ、仕事を休むことで失われる収入と、医療保険の使用によって得られる経済的ベネフィットとの間の「収支バランス」も親は考える。また、早朝診療制度や週末診療など、病院が柔軟な診療枠を設定しても、そうした情報を把握していない親がいる。

④医療保険診療の受診に要する時間の問題

四つ目には、受診までにかかる時間の問題がある。調査対象者の受診経験によれば、医療保険診療の受診には、医療保険を使用しないで受診するよりも、かなり時間がかかる傾向がある。医療保険を用いて受診する場合、少なくとも二～三時間は見ておく必要があるという。

⑤医療保険診療により処方される薬の質と量の問題

五つ目には、医療保険診療で使用される薬は、量的に十分ではなく、質もあまり信頼していないというケースが見られる。

⑥子どもに一刻も早く最善の治療を受けさせたいという親の思い

最後には、子どもに迅速かつ優れた医療を受けさせたいという親としての思いがある。その背景には、医療保険診療受診に要する時間と医療保険診療の質に対して、親が懸念を持っている状況がある。

（2）高齢者

調査対象とした高齢者に関する基本的な情報については、第三節4（2）で述べた通りである。調査対象者二七人全員が医療保険制度に参加しており、A県病院に初診受診登録をしている。受診が必要な際には、その大多数が医療保険を使用していることが確認された。これらの人々の健康状態については、調査対象者のすべてが、血圧や

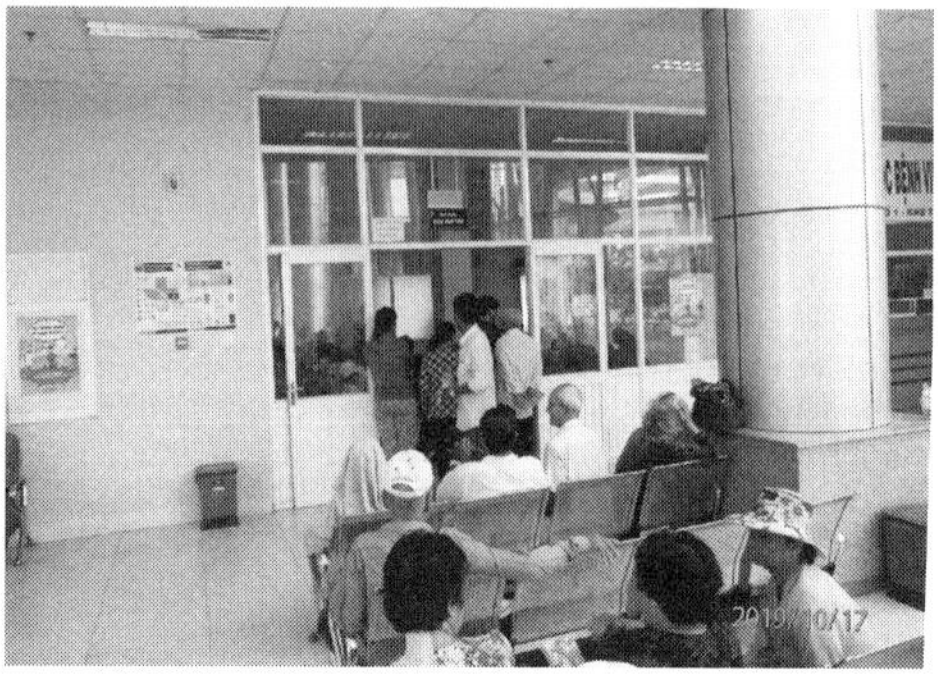

写真9　A県病院の慢性病診察エリア。多くの高齢者が待っていた

心血管に関する病、関節痛、高コレステロール、糖尿病などそれぞれ複数の慢性病を抱えていた。また、二〇一七年におけるA社の診療所の統計によれば、六〇歳以上の高齢者の死因の第一は脳卒中であり、循環器系の病気が、それに続いている。

今回の調査の結果、高齢者の医療保険の使用を妨げている要因として、次のような要因があることが見えてきた。①経済的負担、②家族構成による影響、③医療保険制度に対する理解の不足、④医療機関の状況、⑤医療保険診療に要する時間の問題、⑥医療保険診療に伴う医療サービス提供体制の未整備、である。以下、それぞれ順を追ってみていくことにしたい。

①経済的負担

ひとつ目には、貧しい高齢者の場合、安定した収入がなく、経済的な蓄積もなく、健康ケアに投資する余裕がない。背景には、これらの人たちが、かつて日雇い労働など非公式セクターで仕事をしており、社会保険など老後の生活を保障する制度に参加していないことがある。もし通院して重病だと分かれば、医療保険を使用したとしても、経済的負担が大きい。こうした懸念が、医療機関に通院することをなるべく避けようとする行動につながっている。

②家族構成による影響

二つ目には、家族構成による影響がある。例えば、調査対象者のなかには、一人暮らしの高齢者が三人含まれている。これらの人たちは、付き添い者の確保の問題、病院と家との間の行き来の問題があるため、通院しているのは、近くにあるA県病院のみで、市中心に位置する県レベルより上級の病院には通院していなかった。その一方、子どもを持つ高齢者は、子どもが経済面、付き添いなどで受診をサポートしていた。

③医療保険制度に対する理解の不足

三つ目には、ほとんどの高齢者は、医療保険制度を含め、高齢者に対する扶助制度について、あまり理解していなかった。こうした状況は、高齢者による制度の十全な活用を妨げる要因となっている。

④医療機関の状況

四つ目には、調査対象者の経験によれば、A県病院は患者や付き添いの人で混み合っており、担当医師も高齢者一人一人に十分な注意を払うことが容易ではなく、患者に対する説明も不足気味である。

⑤医療保険診療受診に要する時間の問題

五つ目には、調査対象者全員が、A県病院で医療保険診療を受診しているが、診療の質について高く評価する一方で、数人の調査対象者が、医療保険診療受診の際の待ち時間の長さ、特に慢性病担当科におけるそうした状況を指摘している[43]。

⑥医療保険診療に伴う医療サービス提供体制の未整備

六つ目には、医療保険診療に伴う医療サービス提供体制が未だ充実していないという調査対象者の認識がある。A県病院、A社診療所、ともに日常的に薬が不足していると複数の調査対象者が指摘している。

（3）障害者

調査対象とした障害者の基本的な情報については、第三節4（3）で既に述べた。先述したように、今回調査対象とした一九人の障害者のうち、一七人が医療保険制度に参加していた。このうち一五人は、初診を受診する登録医療機関をA県病院とし、残る二人については、ホーチミン市子ども病院を登録医療機関としていた。調査の結果、

写真10　A県病院の障害者用トイレ。入口の段差が取り除かれ、手摺りが取り付けられている

今回の調査対象者の医療保険の使用を妨げている原因としては、①所与の条件、②病院までの移動時の困難、③病院にいる時の困難、④帰宅後の困難、といった事項が見出された。以下、それぞれ順を追ってみていくことにしたい。

①所与の条件

所与の条件としては、当該障害者の障害程度、家族構成、家族の経済状況、交通インフラを含む生活条件といった要素を挙げることができる。個々の調査対象者が持つこうした諸条件は、以下で見る②病院までの移動時、③病院にいる時、④帰宅後における当該者とその家族の対応に影響を及ぼしている。

②病院までの移動時の困難

自宅から初診受診登録医療機関までの距離と、日常的に最も頻繁に通っている医療機関の自宅からの距離について尋ねたところ、後者の方が「近い」という応答が一二人、「遠い」が二人、「同じくらい」という応答が三人という結果であった。

自身が初診受診登録をしている医療機関に一度も通院したことがないと応答した四人について見ると、経済的には中レベルの家庭に属し、いずれもA県病院に登録していた。このうち二人は共に一九九〇年前半生まれの男女で、生来、肢体に重い障害があるだけでなく、精神的に不安定で、環境の変化への柔軟な適応が容易ではないという状況にあった。残る二人のうち一人は、同じく一九九〇年初め生まれの女性であり、精神的には安定しているが、幼少時の罹病により、身体に重い障害があった。最後の一人は、まだ戦時中であった幼少期にホーチミン市内で華人が集まる町として著名なチョロンで爆弾の爆発に遭遇し、爆弾の破片が未だ頭に残る一九六〇年代後半生まれの女性であった。同女性は、精神・神経に障害があり、日常生活に支障はないが、時折癲癇の発作が出る。この四人の内、最初に挙げた三人は、どのような移動手段を選択するにせよ、最低二人の付き添い者が必要だと考えられる。しかし、二人以上の付き添い者と相応しい移動手段を準備することは、当該障害者とその家族にとってけっして容易なことではない。例えば、A社からA県病院に障害者が通院する場合、合作社が運営する公共バス、バイク、タクシーなどの交通手段があるが、いずれの交通手段にも一長一短がある。

③病院にいる時の困難

病院到着後の障害者とその家族（付き添い者）の過ごし方・行動に影響を与える要素には、（a）手続き、（b）病院内の状況、（c）本人の受診態度、（d）医師の対応、（e）医療保険適用薬をめぐる問題がある。

（a）手続き

初診受診登録をしている医療機関と、日常的に最も頻繁に通っている医療機関における受診手続きについて尋ねたところ、後者の方が「単純である」との応答が、一二人を占めた。残る五人のうち、三人は前者と後者が同じ医療機関であり、二人は初診受診登録医療機関よりも大規模で、ホーチミン市中心に近い病院に最も頻繁に通院している[44]。

また、手続きに関連して、次のようなケースが見出された。生来言語が不自由で知的障害もあり、心臓に持病がある少年が、初診受診登録をしている病院に通院した際、付き添いの母親は同少年の学生証の提出を求められた。しかし、通学年齢に達していても、同少年は障害のため、通学経験がなかった。そのため、母親は少年の写真を貼った用紙に少年が障害のために通学していないことを認め、A社人民委員会で公印を押してもらい、提出した[45]。同少年は、医療保険診療を受診する正当な権利を持つにも関わらず、この書類を作り、病院に提出するために、母親は

写真11　A県病院のスロープ

自宅、人民委員会そして病院の間を行き来しなければならなかった。

（b）病院内の状況

A県病院、ホーチミン市子ども病院を、筆者は直接視察したが、病院側はさまざまな取り組みをしていた。例えば、A県病院ではバリアフリーのスロープ、トイレが備えられているのを確認した[46]。また、糖尿病の治療で同病院に通院する一九六〇年代前半生まれの視覚に障害を持つ女性によると、A県病院には早朝から受診できる制度がある。付き添いの一人息子が仕事に行く前に受診し、帰宅しなければならない彼女は、同制度を活用しているとのことであった[47]。

その一方、筆者が同病院を訪問した日は、受診手続き、診察の順番、薬の受け取り、精算の順番を待つ人たちで混雑していた。二〇一九年の調査では、対象者のうち二人が、A県病院について「非常に混んでいる」と述べている。また、同病院に一度通院すると、長時間待たなければならないと応答した人が三人いた。医療保険を用いて受診する場合、多くの患者・付き添い者で混み合うなかで、長時間待たなければいけないというイメージは、障害者と家族に医療保険の使用を躊躇させる要因のひとつになっている。

（c）本人の受診態度

本人の受診態度に関連しては、医師の診察に対する障害者本人の非協力に言及する人たちがいた。言語が不自由で知的障害などがあり、心臓に手術が必要な持病を持つ先述した少年の母親の話によると、血液検査や超音波検査などの検査を受ける際、なかなか本人が協力しないとのことであった。また、二〇一八年の調査の際に話をうかがった、一九六〇年代半ば生まれで、精神・神経に障害を持つ女性の母親も、障害者が医療保険を使用することが少ない原因として、本人が「医師の求めに協力しない」ことを挙げている。

（d）医師の対応

初診受診登録をした病院の医師の診療技術レベルに対する評価を聞いたところ、未通院の四人を除く一三人のうち、計一一人が「よい」、もしくは「問題ない」と答えている。また、一九六〇年代半ば生まれの病気により身体不自由になった女性のケースで、医療保険制度に基づき処方される薬の質を問題視し、医師による差別があると考えている近親者がいた。また、一九六〇年半ば生まれで精神・神経に障害を持つ女性のケースで、話を聞いた同居する弟夫婦は、具体的な状況を語らなかったが、医師から差別されたと感じたことがあると述べている。前者については、医療保険制度によって処方される薬は制度により定められており、医師個人の責任によるものではない。したがって、医療保険制度に関する情報がしっかりと参加者に伝達、周知されていないことが、医療保険診療やそれに不随する薬に対する評価の在り方に影響を与えている可能性を否定できない。

（e）医療保険適用薬をめぐる問題

初診受診登録をした医療機関で処方される薬と最も頻繁に通っている医療機関で処方される薬の質について、それぞれ独立した質問として尋ねた[48]。前者については、未通院の四人を除く一三人のうち、「よい」が五人、「普通」五人、「大丈夫」二人、「悪い」一人という評価であった。他方、後者の最も頻繁に通っている医療機関で出される薬の質については、「よい」一三人、「普通」一人、「大丈夫」一人、「悪い」一人、「その他」一人となっている。こうした応答結果をそのまま受け取れば、後者で処方される薬に対する評価の方が高いということになる。

④帰宅後の困難

帰宅後については、一九九〇年前半生まれで、肢体に重い障害があり、精神的に不安定で、特別重度と認定されている女性の事例について述べておきたい。同女性の母親によると、医療保険証を用いて受診すると、多くの薬が処方されすぎて、服用させることが難しい。そのため、医療保険が使用できなくとも、適度、適量の薬を購入できる民間医や薬局に母親など家族が薬を買いに行くとのことであった。

（4）HIV感染者

調査対象者としたHIV感染者の基本的な情報については、第三節4（4）で述べた通りである。調査対象者一五人のうち、一〇人が医療保険証を持っており、この一〇人全員がARV療法を受ける際に医療保険を使用していた。[49] そして、医療保険制度に参加していない五人については、HIV感染者支援プロジェクトに付随して残された財源に頼る形となっていた。

調査の結果、HIV感染者の医療保険の使用を妨げている要因として、次のような要因の存在が見えてきた。①医療保険診療に要する時間、②居住先から受診医療機関までの移動に要する時間、③労働条件・労働環境、④HIV感染者の精神状態、⑤社会的な偏見・差別の存在、⑥HIV感染者の精神状態に対する医療関係者の理解不足、である。以下、それぞれ順を追ってみていくことにしたい。

①医療保険診療に要する時間

ひとつ目には、医療保険診療に要する時間の問題がある。診療で医療保険を用いると、手続きや順番待ちなどでかなり時間を要し、仕事などへの影響が大きい。半日の休みでは、足りないこともある。

②居住先から受診医療機関までの移動に要する時間

二つ目には、居住先から受診医療機関までの移動にかかる時間の問題がある。調査結果によれば、調査対象者の居住先から受診医療機関まで、バイクで約三〇～九〇分かかることが分かった。もし医療機関のすぐ傍に住めば、通院には便利であるが、日常生活をすごす場の人々に病気のことを知られてしまうリスクが高くなることが、居住地の選択に影響を与えていると考えられる。

③労働条件・労働環境

三つ目には、勤務シフトの変更や休暇を申請しにくい労働環境、雇用者側の労働者に対する対応姿勢も、家計を支えるために仕事を続けなければならないＨＩＶ感染者の医療保険診療の受診を妨げる要因となっている。これらの人たちは、勤め先にＨＩＶ感染について知らせていない。妻、夫、親など身近な者にさえ知らせていないこともある。勤務先によっては、もし毎月あるいは定期的に通院のために休暇を申請すると、雇用者に文句を言われたり、休みが度重なれば仕事を失う可能性もあるという。勤務時間による拘束を気にしないで働き、継続的にＡＲＶ療法を受けるため、主体的に時間を使える行商、建設現場補助などの仕事に転職する人も見られる。

④ＨＩＶ感染者の精神状態

四つ目には、ＨＩＶ感染者の精神状態がある。彼らは、多くの人が集まり、人に顔を見られたり、知り合いに会うリスクのある医療機関での受診を望んでいない。自身のＨＩＶ感染を周囲の人々、世間に知られることに対する恐怖感が大きいからである。

⑤社会的な偏見・差別の存在

五つ目には、④と関連するが、ＨＩＶ感染者が自身の感染が外部に漏れることを恐れる要因のひとつには、「ＨＩＶ感染者は不健全な行為、生活方式を行った人」であるとか、通常の接触でも人を感染させるリスクがあると

写真12 「ホーチミン市は、2030年を視野に入れた2020年までのHIV/AIDS防止国家戦略を積極的に実行する」とアピールする標語看板

いうようなＨＩＶ感染者に対する社会的な理解の不足・偏見・差別の存在がある。

⑥ＨＩＶ感染者の精神状態に対する医療関係者の理解不足

最後には、ＨＩＶ感染者の精神状態に対する医療関係者の理解不足という問題がある。差別や偏見を恐れ、ＨＩＶ感染の事実を周囲の人々や世間に知られることを望まないＨＩＶ感染者の心情を理解せず、受診中に他の医療関係者に病状を伝えてしまう医師もいる。

おわりに

本書では、第一節で医療保険法が制定された時代的背景について述べた後、第二節で医療保険法の基本的な構造を見た。そして第三節において、医療保険の「普及」と「浸透」という二つの視角に基づき、二〇一八年、二〇一九年にホーチミン市郊外で実施した社会的弱者（六歳未満児、高齢者、障害者、ＨＩＶ感染者）と医療保険との関わりに関するフィールド調査の結果を検討した。今回の調査研究で最も重要な、調査対象グループそれぞれに関するファインディングについては、第三節4、5で既に考察した通りである。第三節4、5では、先行研究では指摘されていない、対象グループの特徴に応じた状況が、見出されている。ここでは、本書を終えるにあたり、全体的なまとめを行うことにしたい。

1　医療保険の「普及」

最初に医療保険の「普及」について見る。今回調査対象とした社会的弱者八九人の内、七八人（八七・六四％）が医療保険制度に参加していた（表4参照）。二〇一九年のベトナム全体の医療保険参加率は八八・五％［Tổng cục thống kê

2021］であり、全国平均に近い数字となっている。対象グループそれぞれに対する支援制度などを通して、医療保険制度の社会的弱者への普及が進んでいることが分かる。しかしその一方で、六歳未満児・障害者の中には、無償で医療保険に参加する権利を持っているにも関わらず、医療保険証を持っていない人たちもいることが確認された。また、ＨＩＶ感染者については、参加率が約六六・七％とその他の三つの対象グループに比べて低いレベルに止まっている。ＨＩＶ感染者に対する公的な医療保険支援制度の不在が、原因だと考えられる。六歳未満児・高齢者・障害者・ＨＩＶ感染者それぞれにおいて、医療保険制度の「普及」を妨げている具体的な要因については、既に第三節4で述べた。ここでは、複数の調査対象グループに関わっている要因に絞り、以下、記すことにしたい。

表4　調査対象者の医療保険参加状況

対象者	調査対象者数（人）	医療保険参加者数（人）	医療保険参加率（％）
6歳未満児	28	24	85.71
高齢者	27	27	100
障害者	19	17	89.47
HIV感染者	15	10	66.67
計	89	78	87.64

（出所）調査結果に基づき、筆者作成。

一つ目には、出生証明書・身分証明書・戸籍書類など、医療保険制度参加手続きに際して必要となる書類の不備が、要因となっているケースである。背景には、経済的理由による自由移住や家族との離散に伴う移住に付随する問題があった。一切の公的手続きを経ない、状況に任せた自由移住の場合、出身地および移住先で公的な手続きを行うことのハードルは、出身地との往復、所要時間そして精神的な負担も含めて、当該者にとって高くなる傾向がある。

二つ目には、医療保険証の入手に関する手続き・規則がよく理解されていないということがある。例えば、六歳未満児の親（保護者）、ＨＩＶ感染者について、特にこうした状況が見られた。

三つ目には、自弁で医療保険証を購入する際に適用される家族（戸）単位の参加制度がネックになっているケースが確認された。特にＨＩＶ感染者において、阻害要因として浮かび上がってきたこの制度では、先述したように、家族の構成員一人が加入を希望する場合、当該世帯の未加入者も同時に参加することを求められる。本人に続く後続参加者に対する減額措置はあるものの、収入が低く不安定な家庭においては、経済的な負担感が大きい。

2　医療保険の「浸透」

次に、医療保険の「浸透」局面について見る。六歳未満児・高齢者・障害者・ＨＩＶ感染者それぞれにおける、医療保険の「浸透」を妨げている具体的な要因については、既に第三節5で述べた通りである。ここでも、複数の調査対象に関わる要因に絞って、以下に述べる。

一つ目には、多くの調査対象者は、医療保険診療の受診に伴う手続き、待ち時間の長さを懸念している。本人、付き添う家族構成員の仕事への影響が、医療保険制度の利用に対するハードルを引き上げている。

二つ目には、一点目とも関係するが、調査対象者が初診受診登録をしている医療機関における、患者や付き添いの人たちで混み合う状況が、医療保険診療の利用に対するハードルを引き上げている。

三つ目には、医療保険を使って受診する医療機関までの移動に伴う負担の大きさが、医療保険診療の利用に対するハードルを引き上げている。このことは、特に障害者において顕著である。

四つ目には、医療保険制度に基づいて処方される薬の量的不足と質の低さに対する懸念が、医療保険診療の積極的な利用に対するハードルとなっている。

五つ目には、四点目の要因とも関連するが、交通費、薬の追加購入費など医療保険診療の受診に伴って発生する経済的負担への懸念が、医療保険診療の利用に対するハードルを引き上げている。

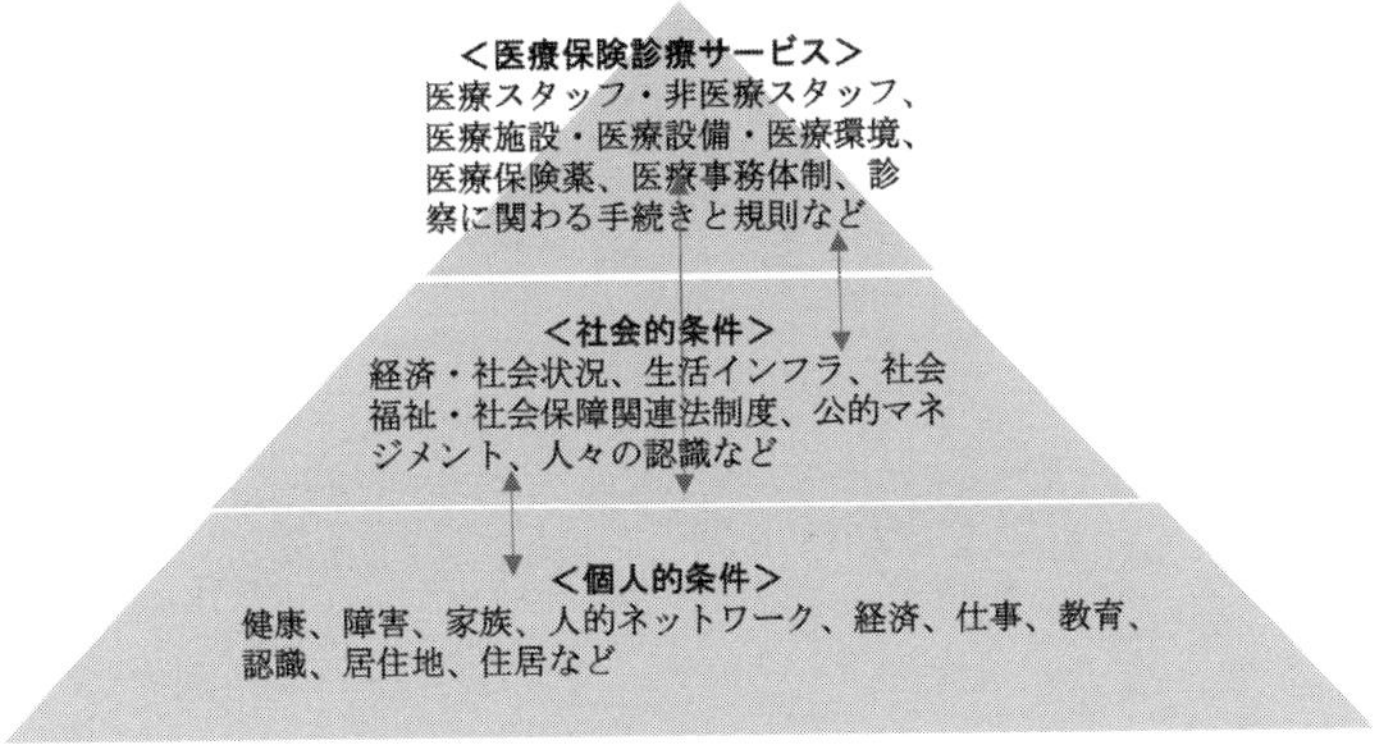

図3　社会的弱者における医療保険の「普及」と「浸透」
（出所）筆者作成。

3　むすび

最後に、今回の調査研究の結果に基づき、ベトナムの社会的弱者による医療保険へのアクセスにおける基本的様相の大枠について考えてみたい。それは、図3のように整理できると考えられる。

社会的弱者は、自身が持つ個人的条件をふまえた上で、自身を取り巻く社会的条件とその社会的条件に基づいて機能している医療保険診療サービスについて認識している。彼女ら、彼らは、罹病した際、病状の程度、必要と予想される診療レベルを経験に基づいて素早く判断する。そして、医療保険診療を選択する場合とそうしない場合における診療サービス状況、社会的条件のリアクション、本人と家族の精神的、肉体的、経済的負担の程度について、検討、判断し、対処方法を選択している。こうしたことから、ベトナムにおける社会的弱者の医療保険へのアクセスについて理解するためには、少なくとも以下の三つの関係性に留意する必要があると考えられる。一つ目には、個人的条件と社会的条件との関係、二つ目には、個人的条件と医療保険診療サービスとの関係、三つめには、社会的条件と医療保険診療サービスとの関係である（図3参照）。

また、本書の取り組みを通して、医療保険の「普及」の問題、すなわち、医療保険への参加率を増やすことが公の目標として設定され、その達成に注意と関心が向けられる傾向にあるが、それだけでなく、医療保険の「浸透」についても考慮する必要があることが確認された。そして、ベトナムの社会的弱者における医療保険の「浸透」のためには、医療保険制度の「普及」を推進する一方で、医療保険診療サービスの質的、量的な提供体制の整備と充実が求められている。加えて、社会的弱者に対する社会の側による理解の向上と深まりが、彼女ら彼らによる医療保険診療への積極的なアクセスを、後押しするものと考えられる。

あとがき

本書の発行に向けた取り組みを続ける間、新型コロナ感染症禍、ウクライナ戦争など、予想もしなかったさまざまなことが起きた。そうしたなかで、実施した調査研究の成果を眠らせたままにせず、読者の皆様にこうした形で成果の一部をお届けすることができ、執筆者一同安堵している。

本書の構成について少し付記しておきたい。本書の核となった第三節は、日本貿易振興機構アジア経済研究所で実施した「ベトナムにおける医療保険の普及と浸透」研究会（二〇一八～二〇一九年度）の成果の一部を活用したものである。二〇一九年一二月一八日、一九日の最終研究会（ベトナム南部社会科学院於）で各執筆者が行った最終報告と、後日提出された越語ペーパーの関連部分等に基づいて、同研究会の主査を務めた寺本がまとめた。今回の出版に際し、当初の拙稿を全面的に見直し、新たに書き直した。また、第一節、第二節については、本書をなすに当り、寺本が執筆した。

研究会の運営に関わる諸手続きや現地での調査の実施にご協力をいただいたすべての皆様、機関をはじめ、執筆者それぞれがお世話になってきた全ての皆様に対し、心から感謝を申し上げたい。

末尾ながら、本書の出版作業を前に進め、ご尽力いただいた風響社の古口様、出版にご理解をいただいた石井社長に御礼申し上げます。

二〇二二年　一二月

執筆者を代表して　　寺本　実

注

(1) Teramoto 2019a は、二〇一八年度の調査結果を中心にまとめたものである。
(2) 寺本［二〇一七ａ］、一六頁の記述に加筆修正したものである。
(3) これ以降、一九九八年、二〇〇五年の二回に渡って政府が発出する形で医療保険条例が出されている。
(4) 子どもの保護・養護・教育法（一九九一年）に代わり、制定された。特別困難な環境下で暮らす子どもの保護・ケア・教育に関する章が設けられるなど、全二六条の前法から全六〇条に大幅に拡充された。なお、二〇一六年四月五日に子ども法が可決され、二〇一七年六月一日に発効した段階で、同法は失効した。
(5) 二〇一四年一一月二〇日に新たな社会保険法が制定され、二〇一六年一月一日に発効している。なお、失業保険部分については、二〇一三年一一月一六日に制定された雇用法（二〇一五年一月一日発効）で定められる形とされた。
(6) これ以前には、政府議定（二〇〇五年五月一六日制定、二〇〇五年七月一日発効）という形で医療保険条例が定められていた。
(7) 前法は、第一〇期国会常務委員会により二〇〇〇年四月二八日に制定された高齢者法令（二〇〇〇年七月一日発効）。
(8) 前法は、第一〇期国会常務委員会により一九九八年七月三〇日に制定された障害者法令（一九九八年一一月一日発効）。
(9) 国会の常務機関であり、通常国会で定められた法に準ずる法令を制定することができる。国会活動を主導する役割を担っている。
(10) 社レベル診療所は、直接上の行政級である県レベルに設置される医療センターに制度上は属する。
(11) 寺本［二〇二〇］に基づき、その概要を記す。
(12) 政府が定めた貧困基準によれば、二〇一六～二〇二〇年における一つの貧困基準額は、農村部で収入七〇万ドン（人／月）、都市部では収入九〇万ドン（人／月）。なお、医療、教育、住居、衛生、情報といった社会サービスへのアクセスも視野に入れた、「多次元的な貧困削減」の取り組みが二〇一五年に採用され、農村部で収入七〇万ドン～一〇〇万ドン（人／月）、都市部で収入九〇万ドン～一三〇万ドン（人／月）という収入条件で、上述の分類に基づいて定められた社会指標が三つ以上満たされていない場合にも、貧困戸とされる（首相決定五九、二〇一五年一一月十九日）。
(13) 二〇一四年修正・補充医療保険法二二条では、「社レベル診療所、もしくは総合診療室、もしくは県レベル病院に登録した医療保険参加者は、二〇一六年一月一日から、通常適用される給付率に基づいて、同じ省内の社レベル診療所、総合診療室、県レベル病院において医療保険診療を受ける権利を得る」と定められるなど、受診時の縛りを緩める修正が行われた。
(14) 例えば、Nhân Dân 二〇一七年六月一七日付、二〇一八年四月一五日付、二〇一八年四月二二日付にも関連記事が掲載されている。これらの報道では、医療保険をめぐり、以下のような課題が指摘されている。(一) 末端医療機関における医療設備の不備、提供される薬の質など、医療保険診療の質の問題、(二) いくつかの医療機関における医療保険診療手続き、精算手続きの煩雑さ、(三) いくつかの地方省における医療保険発給対象者名簿の作成の遅れとそれに伴う医療保険証発給作業の遅れ、(四) 一部医療保険所持者による医療保険証の乱用、(五) 医療保険財源の問題など。なお、医療保険未参加者の中には、六歳未満児、小学生から大学生の若い世代、近貧困戸、また、必ずしも豊かといえない農業・林業・水産業・塩業の従事者、企業が医療保険費の納入義務を忌避もしくは怠った労働者、自由労働者や小売業従事者、地方から都市への移民とその家族などが含まれていることが指摘されている。

(15) ベトナム政府は、貧困戸に次ぐ貧しい層として、近貧困戸を定めており、二〇一六~二〇二〇年の近貧困基準額は、農村部で収入一〇〇万ドン(人/月)、都市部では収入一三〇万ドン(人/月)である。注12で記した二つ目の貧困戸認定条件のうち、もし満たせていない社会指標が三つ未満の場合には、近貧困戸と認定される(首相決定五九、二〇一五年一一月一九日)。

(16) 誰か一人当該家族(戸)の構成員が医療保険証を購入する場合、家族内のその他の未加入者も同時に参加することが求められる。本節4(4)②で少し詳しく述べる。

(17) 読み取れるこれら五つの対象における医療保険の「普及」上の困難、阻害要因は、以下の通りである。(一)医療保険の参加手続き、購入手続きの場所が身近に不足していること、(二)医療保険価格がまだ高いこと、(三)医療保険の情報普及、宣伝の不十分さ、(四)労働者のための医療保険費の支払いが遅れている企業に対する監視が十分でないこと、効果的な処罰制裁が備えられていないこと、(五)共同体、社会政治団体による国民、企業に対する医療保険参加への動員の不十分さ、医療保険法実施に対する監視の不十分さ。

(18) たとえば、受診時に医療保険証を持参せず、出生証明書を持ってくる人もいる。

(19) 本書で考察対象としている六歳未満児、HIV感染者の中にも移住者が存在する。

(20) 先述したが、本節4(4)②で言及する。

(21) 本書では、調査対象者のプライバシーを守るため、調査にご協力いただいた方の個人名は表記しない。また、人物が特定できるような記述は避けるよう心掛ける。

(22) 先述した、政府が定めた貧困戸基準を目安として、各地方の省・中央直轄市の人民委員会が、それぞれ基準を定めている。ホーチミン市の二〇一九年~二〇二〇年の貧困戸基準額は、二八〇〇万ドン(人/年)と定められており、月換算すると二三三万三三三三ドン(人/月)となる。そして、この基準額に、基本社会サービスへのアクセスの度合いを加味して判断される。

(23) 先述した、政府が定めた近貧困戸基準を目安として、各地方の省・中央直轄市の人民委員会が、それぞれ近貧困戸基準を定めている。ホーチミン市では、二〇一九～二〇二〇年の近貧困戸所得基準額を、二八〇〇万ドン～三六〇〇万ドン（人／年）と定めており、月換算すると、二三三万三三三三ドン～三〇〇万ドン（人／月）となる。

（24）現地資料入手に際しては、本研究に参加したベトナム人研究者が属するベトナム研究機関とその職員のグエン・ティ・バオ・ハーさんにお世話になった。記して、感謝申し上げる。

（25）その他の中央直轄市は、ハノイ市、ハイフォン市、ダナン市、カントー市（地図参照）。

（26）ロンアン省、ティエンザン省、ベンチェ省、チャヴィン省、ヴィンロン省、ドンタップ省、アンザン省、キエンザン省、カントー市、ハウザン省、ソクチャン省、バクリュウ省、カマウ省の一二省、一中央直轄市を含む（地図参照）。

（27）A県ウェブサイト。

（28）調査時に入手した同病院の二〇一八年活動報告による。同報告によると、眼科・耳鼻科・歯科については、一つの科を形成している。第二種病院とは、省・中央直轄市もしくは県レベルの病院を指す。ちなみに第一種病院は、医療省に属するか、もしくは省・中央直轄市の病院を指す（医療省決定一八九五／一九九七／QĐ-BYT、一九九七年九月一七日）。

（29）VnExpress ウェブサイト。

（30）Tiền Phong ウェブサイト。

（31）南部では、社である社（xã）の下に、アップ（ấp）と呼ばれる自然村がある。

（32）二〇一三年一二月中旬現在。入手し得たA社人民委員会文書に見出せる最新の関連情報である。

（33）A社の二〇一八年度経済・社会発展、国防・安全計画実行状況報告に基づく。

（34）グエン・チ・フォン病院、フンヴォン病院、ホーチミン市子ども病院といった上級病院からの専門上のサポートも受けることができる。本調査研究への影響については、この施策が実施されて未だ間もない時期に調査を実施したこともあり、限定的である。

（35）あくまでも参考資料として、ベトナム研究機関を通してホーチミン市人民委員会労働・傷病兵・社会局から入手した資料などに記されたホーチミン市における調査対象者数関連統計データを以下に記す。高齢者（六〇歳以上）が五五万八八六六人（ホーチミン市労働・傷病兵・社会局の二〇一八年高齢者工作、二〇一九年活動方向総括報告、二〇一八年一二月一四日付）、障害者は五万八七二五人（ホーチミン市労働・傷病兵・社会局報告四四七七五、二〇一九年一二月二四日付）、ＨＩＶ感染者については四万五九七六人（Tổng cục thống kê 2019, 825）となっている。なお六歳未満児の人口数については、関連資料を入手することが出来なかった。上記した高齢者数、障害者数のうち、少なくとも障害者の人口については、実数から離れ、少なすぎるのではないかという印象が強い。これらの数字は、あくまでもホーチミン市当局が把握している範囲の数字ではないかと筆者は推測している。

（36）基礎給与とは、公的に定められる棒給表における給与額や補助額などの計算に用いられる基準金額であり、社会保険、国家予算から医療保険費を支出する際のベースとなっている。例えば、政府議定六六（二〇一三年六月二七日）では、二〇一三年七月一日からの基礎給与額を一一五万ドンと定めていた。

(37) 次項障害者を参照のこと。

(38) 革命功労者とは、傷兵、病兵など、現在のベトナム共産党による統治体制の成立や同体制に貢献した人たちである。二〇一四年修正・補充医療保険法（一三条、二二条）によれば、医療保険費は国家予算によって支払われ、給付率は一〇〇％である。革命功労者の親、妻、夫などごく近い近親者も同じ条件で医療保険制度を享受でき、それ以外の近親者については、給付率が九五％となる。

(39) 二〇一四年修正・補充医療保険法では「障害者（người khuyết tật）」という文言は出てこない。筆者は、障害者は「毎月の社会扶助金受給範囲に該当する者」（二〇一四年修正・補充医療保険法一二条三項g）に該当すると考えている。

(40) 障害者組織の名称は、法文中に記されていないが、例えばベトナム障害者・孤児扶助会が有名である。

(41) ホーチミン市疾病対策センター（Trung tâm Kiểm soát bệnh tật TP.Hồ Chí Minh）の支援による。

(42) 医療保険法で医療保険参加者が初診受診医療機関を登録する「権利を持つ」と定めていると先に記したが、筆者がベトナムの障害者を対象にしてこれまで行ってきた調査では、扶助制度に基づいて無償で医療保険証の支給を受けた障害者については、手続き機関によって登録する医療機関が指定されているケースがほとんどであった。これは、二〇一四年修正・補充医療保険法四一条において、医療保険組織が、医療保険診療基礎についての情報を医療保険参加者に提供し、最初の診療基礎を選択するために医療保険参加者を指導することが定められていることに由来する結果ではないかと推測される。

(43) 同病院の医師らへのインタビューのため、二〇一九年一〇月一七日に同病院を訪問した際も診療を待つ人たちで混雑していた。

(44) 一人は、通い慣れているホーチミン市第一子ども病院、もう一人はホーチミン市精神病院に通院していた。

(45) 母親が見せてくれた同書類には、少年の素性を説明しようと青色のボールペンで母親が書き込んだ文字が並んでいた。

(46) A県病院は、二〇一九年六月二八日と、二〇一九年一〇月一七日、ホーチミン市子ども病院は二〇一九年一〇月一七日に視察を行った。ホーチミン市子ども病院については、幹部へのインタビュー時間の関係で病院を視察する時間を十分とることはできなかった。

(47) ただし、彼女によると、早朝診療サービス受診料（八万六〇〇〇ドン）を納める必要があるとのことであった。

(48) 三人の調査対象者については両者が重なっている。

(49) 初診受診登録医療機関について明記することは、差し控える。

参考文献

〈日本語文献〉

寺本　実

二〇一六　「ベトナムにおける公的末端医療機関の制度的位置づけ・役割と課題――現場責任者の状況認識に関わる事例研究に基づく一考察（現地報告）」（『アジア経済』第五八巻第三号、二〇一六年一二月）。

二〇一七　「ベトナムの医療保険制度の基本構造――二〇〇八年医療保険法に基づく考察（分析リポート）」（『アジ研　ワールド・トレンド』第二五八号、二〇一七年）。

二〇二〇　「ベトナムにおける医療保険制度の骨格」（『健保連海外医療保障』一二五号、二〇二〇年三月）。

〈英語文献〉

Aparnaa Somanathan, Ajay Tandon, Huong Lan Dao, Kari L.Hurt, Hernan L.Fuenzalida-Puelma

2014　*Moving toward Universal Coverage of Social Health Insurance in Vietnam:Assessment and Options*. The World Bank

Kerstin Priwitzer

2012　*The Vietnamese health care system in change: a policy network analysis of a Southeast Asian welfare regime.* Institute of Southeast Asian Studies, Singapore.

〈ベトナム語文献〉

Đặng Nguyên Anh và cộng sự（ダン・グエン・アインと補助者）

2007　Những yếu tố quyết định khả năng tiếp cận bảo hiểm y tế ở Việt Nam（ベトナムにおける医療保険アクセス能力の決定要因）. *Tạp chí Xã hội học*（社会学誌）số 1（97）.

Mai Linh Nguyễn Thị Kim Hoa（マイ・リン、グエン・ティ・キム・ホア）

2016　Một số trở ngại trong thực hiện lộ trình tiến tới bảo hiểm y tế toàn dân（国民皆保険に向けた路程実行における若干の障害）. *Tạp chí Xã hội học*（社会学誌）Số 3（135）.

Lê Thị Mỹ（レー・ティ・ミ）

2019　Chương 4：Bảo hiểm y tế ở người có HIV/AIDS Việt Nam: Nghiên cứu trường hợp một trung tâm y tế huyện, TP.Hồ Chí

Minh（第四章　ベトナムの HIV/AIDS 患者における医療保険——ホーチミン市の一県医療センターにおける事例研究）. Teramoto Minoru（chu biên）（寺本実編）2019. *Độ bao phủ và mức độ sử dụng bảo hiểm y tế ở Việt Nam*（*Báo cáo giữa kỳ*）（ベトナムにおける医療保険の普及と浸透　中間報告書）, IDE-JETRO.

Nguyễn Thị Minh Châu（グエン・ティ・ミン・チャウ）

2019　Chương 1：Độ bao phủ và sử dụng bảo hiểm y tế ở trẻ em dưới 6 tuổi: Chính sách và thực tiễn（Nghiên cứu trường hợp tại một xã ở TP.Hồ Chí Minh）（第一章　六歳未満児における医療保険の普及と使用——政策と実践（ホーチミン市内一行政村における事例研究）. Teramoto Minoru（chu biên）, Nguyễn Thị Minh Châu, Nguyễn Thị Cúc Trâm, Lê Thị Mỹ 2019. *Độ bao phủ và mức độ sử dụng bảo hiểm y tế ở Việt Nam*（*Báo cáo giữa kỳ*）, IDE-JETRO.

Nguyễn Như Trang（グエン・ニュー・チャン）

2018　Tiếp cận và sử dụng dịch vụ y tế, bảo hiểm y tế của người nhập cư tại Hà Nội（ハノイにおける移住民の医療サービス・医療保険へのアクセスと使用）. *Tạp chí Xã hội học* số 2（142）.

Nguyễn Thị Cúc Trâm（グエン・ティ・クック・チャム）

2014　Một số Yếu tố Ảnh hưởng tới Việc Sử dụng Bảo hiểm Y tế của Người Dân Nông Thôn（農民の医療保険使用に影響を与えるいくつかの要素）. *Tạp chí Khoa học Xã hội Thành phố Hồ Chí Minh*（ホーチミン市社会科学誌）Số 9（193）.

Nguyễn Thị Cúc Trâm（グエン・ティ・クック・チャム）

2019　Chương 2：Tiếp cận bảo hiểm y tế của người cao tuổi thuộc diện nghèo tại TP.Hồ Chí Minh（Nghiên cứu trường hợp một xã, huyện Bình Chánh）（第二章　ホーチミン市における貧困高齢者の医療保険アクセス〈A県の一行政村における事例研究〉）. Teramoto Minoru（chu biên）2019. *Độ bao phủ và mức độ sử dụng bảo hiểm y tế ở Việt Nam*（*Báo cáo giữa kỳ*）, IDE-JETRO.

Teramoto Minoru（chu biên）

2019　*Độ bao phủ và mức độ sử dụng bảo hiểm y tế ở Việt Nam*（*Báo cáo giữa kỳ*）, IDE-JETRO.

Teramoto Minoru

2019a　Giới thiệu: Độ bao phủ và mức độ sử dụng bảo hiểm y tế ở Việt Nam（イントロダクション：ベトナムにおける医療保険の普及と浸透）.Teramoto Minoru（chu biên）2019. *Độ bao phủ và mức độ sử dụng bảo hiểm y tế ở Việt Nam*（*Báo cáo giữa kỳ*）, IDE-JETRO.

2019b　Chương 3：Nghĩ đến quan hệ giữa người khuyết tật và y tế（bảo hiểm y tế）ở Việt Nam：Dựa vào nghiên cứu trường hợp tại một xã ở TP.Hồ Chí Minh（第3章　ベトナムにおける障害者と医療〈医療保険〉の間の関係に関する考察——ホーチミン市の1行政村における事例調査を通して）. Teramoto Minoru（chu biên）2019. *Độ bao phủ và mức độ sử dụng bảo hiểm y tế ở Việt Nam*（*Báo cáo giữa kỳ*）, IDE-JETRO.

Tổng cục thống kê（統計総局）

2019　*Niên giám thống kê 2018*（二〇一八年ベトナム統計年鑑）. Nhà xuất bản thống kê（統計出版社）.

〈新聞〉

Nhân Dân（人民）

〈インターネット〉

A県ウェブサイト（http://binhchanh.hochiminhcity.gov.vn）二〇一九年一〇月二四日アクセス。

VnExpress ウェブサイト（https://vnexpress.net/kinh-doanh/dan-cu-tang-nhanh-thuc-day-item-nang-phat-trien-cua-huyen-binh-chanh-3954480.html）二〇一九年一〇月二九日アクセス。

Tiền Phong ウェブサイト（https://www.tienphong.vn/xa-hoi/tphcm-se-co-quan-binh-chanh-1134411.tpo）二〇一九年一〇月二九日アクセス。

著者紹介

寺本　実（てらもと　みのる）

アジア経済研究所（IDE-JETRO）地域研究センター研究員。

主な著作に、「ベトナムの枯葉剤被災者扶助制度と被災者の生活――中部クアンチ省における事例調査に基づく一考察」（『アジア経済』第53巻第1号、2012年）、「ベトナムの障害者の生計に関する一考察――タインホア省における、取り巻く環境との関係性に関する事例研究を通して」（『アジア経済』第54巻第3号、2013年）、などがある。

グエン・ティ・ミン・チャウ（Nguyễn Thị Minh Châu）

ベトナム南部社会科学院（SISS）研究員。

主な著作に、"Rào cản tiếp cận giáo dục của trẻ em gia đình công nhân nhập cư: nghiên cứu trường hợp phường 14, quận Gò Vấp, TPHCM（移住工員家庭の子どもの教育アクセスへの障害――ホーチミン市ゴーヴァップ郡14坊における事例研究）." Tạp chí Khoa học xã hội TP.Hồ Chí Minh（ホーチミン市社会科学誌）, số 8（第8号）/2016、"Di cư nông thôn – đô thị vùng Đông Nam Bộ và những rào cản tiếp cận an sinh xã hội: nghiên cứu trường hợp di cư lao động trong lĩnh vực phi chính thức ở Đồng Nai（南部東方地域の農村・都市間移住と社会保障アクセスにおける障害――ドンナイ省における非公式セクター労働者の移住に関する事例研究）," trong sách "Quan hệ nông thôn – thành thị trong phát triển bền vững vùng Đông Nam Bộ," Kỷ yếu Hội thảo Khoa học quốc gia（国家科学シンポジウム紀要　南部東方地域の持続可能な発展における農村・都市関係）. Nhà xuất bản khoa học xã hội（社会科学出版社）2018、などがある。

レー・ティ・ミ（Lê Thị Mỹ）

ベトナム南部社会科学院（SISS）研究員。

主な著作に、"Bất bình đẳng giáo dục: Nhìn từ các tiếp cận lý thuyết（教育における不平等――理論的アプローチ）." Tạp chí Khoa học xã hội TP.Hồ Chí Minh, số 12/2020 、"Nghiên cứu sức khỏe HIV/AIDS – Những quan điểm lý thuyết tiếp cận（HIV感染者・AIDS患者における健康の研究――理論的観点から）." Tạp chí Khoa học xã hội TP.Hồ Chí Minh, số 12/2021、などがある。

グエン・ティ・クック・チャム（Nguyễn Thị Cúc Trâm）

ベトナム南部社会科学院（SISS）研究員。

主な著作に、"Chất lượng sống của người cao tuổi ở nội thành Thành phố Hồ Chí Minh（ホーチミン市都市部における高齢者の生活の質）." Tạp chí Khoa học xã hội TP.Hồ Chí Minh, số 10/2020、"Khả năng tiếp cận dịch vụ chăm sóc sức khoẻ của người cao tuổi hộ cận nghèo vùng ven đô Thành phố Hồ Chí Minh: Nghiên cứu trường hợp xã Tân Thông Hội, huyện Củ Chi, Thành phố Hồ Chí Minh（ホーチミン市郊外の近貧困世帯高齢者における健康ケアサービスへのアクセス能力――ホーチミン市クーチー県タントンホイ社における事例研究）." Tạp chí Khoa học xã hội TP.Hồ Chí Minh,số 11/2017、などがある。

ベトナムの医療保険と社会的弱者　ホーチミン市郊外におけるフィールド調査

2022年12月15日　印刷
2022年12月25日　発行

著者　寺本　実
グエン・ティ・ミン・チャウ
レー・ティ・ミ
グエン・ティ・クック・チャム

発行者　石井　雅
発行所　株式会社　風響社

東京都北区田端 4-14-9（〒114-0014）
Tel 03（3828）9249　振替 00110-0-553554
印刷　モリモト印刷

ISBN978-4-89489-347-4　C0036